T0364362

Scritto
da
Markus Breitschmid

PARK BOOKS

Architettura Non-Referenziale

**Ideato
da
Valerio Olgiati**

Questo libro, *Architettura Non-Referenziale*, era in preparazione da qualche tempo. I due autori – l'architetto Valerio Olgiati e il teorico dell'architettura Markus Breitschmid –, conosciutisi nel 2005, hanno avuto una serie di conversazioni in Svizzera, negli Stati Uniti e in Portogallo. Il materiale discusso durante queste conversazioni è già stato pubblicato sotto forma di libri, saggi e interviste. L'idea del presente volume risale al 2013. Il suo contenuto è frutto di numerosi e prolungati incontri fra i due autori svoltisi nelle Alpi svizzere e ad Alentejo, in Portogallo. Il libro è stato alla fine scritto in Virginia.

Sommario

Prefazione

Questo libro si rivolge a "chi fa" architettura, ovvero agli architetti professionisti e a tutti coloro che svolgono un'attività creativa all'interno del nostro ambiente costruito, come gli urbanisti e gli architetti paesaggisti.

Il libro ha due scopi: da un lato, è un trattato che presenta agli architetti un nuovo modo di vedere e comprendere le tendenze sociali del mondo non-referenziale nel quale devono necessariamente operare; dall'altro, è un pamphlet che vuole fornire una guida e un orientamento riguardo all'architettura non-referenziale. In parole più esplicite: questo libro è il primo passo di un nuovo approccio all'attuale mondo non-referenziale così come esso si mostra a noi architetti, e vuole offrire agli architetti le basi per concepire un'architettura non-referenziale in questo mondo non-referenziale. È legittimo per noi architetti, non meno di quanto lo sia per i filosofi e altre persone che contribuiscono a plasmare il nostro mondo, diffondere una tesi. Gli architetti tuttavia non sono filosofi e spesso non ne possiedono l'approccio sistematico. D'altro canto, l'architetto è dotato di una qualità di cui spesso il filosofo è privo: è un po' come un segugio, una sorta di cane da fiuto. In anticipo su tutti è capace di intrecciare creativamente informazioni sparse e sconnesse al fine di sviluppare una concezione più concreta di qualcosa di nuovo, che è di per sé non del tutto sviluppato. Il celebre filosofo della storia Oswald Spengler ammirava gli architetti proprio per questa loro capacità e sosteneva che quando l'architettura tenta di incarnare un fenomeno culturale, gli edifici "arrivano prima" mentre la filosofia "arriva dopo". Noi, come architetti, intendiamo sfruttare questo "fiuto" estetico a nostra disposizione nell'interesse del presente libro. Assembliamo così in forma scritta le nostre osservazioni riguardo a un'architettura non-referenziale.

È importante fare una distinzione a priori: quella relativa alle diverse figure professionali che concorrono alla disciplina dell'architettura. È la distinzione fra l'artefice creativo dell'architettura, vale a dire l'architetto professionista, da una parte, e l'interprete, il critico e lo storico dall'altra: il primo costruisce, il secondo valuta. Questo è un libro soprattutto per chi costruisce. Di conseguenza, favorisce il fare artistico e il processo creativo ed è consapevolmente scritto con in mente quel tipo di lettore, sia per quanto riguarda la discussione e la presentazione dell'argomento, sia per il modo in cui esso è strutturato e organizzato. Tenendo questo approccio in mente, il libro non ha un carattere manualistico e non include tutti quegli aspetti che di norma caratterizzano i testi accademici. Abbiamo deliberatamente scelto di menzionare il meno possibile nomi nella nostra trattazione, sebbene coscienti delle difficoltà che sarebbero potute insorgere. Perciò i pochi nomi cui facciamo riferimento sono stati inclusi soltanto quando ci sembrava assolutamente necessario per orientare il lettore. Abbiamo anche deciso di non ricorrere a citazioni e di escludere l'uso di fotografie, illustrazioni e disegni, con un'unica eccezione. La scelta di tralasciare le illustrazioni è stata dettata dalla volontà di evitare che la nostra tesi di un'architettura non-referenziale venga interpretata come una ricetta stilistica. Deve piuttosto favorire l'emergere di molteplici possibilità formali nella mente del lettore, al quale chiediamo di immaginare come potrebbe essere un'architettura non-referenziale. Malgrado la difficoltà che ne derivava per noi in quanto autori, abbiamo tentato di esporre l'argomento nella maniera più generale, in gran parte senza servirci di esempi e controesempi, per la stessa ragione per la quale abbiamo rinunciato all'uso di illustrazioni. Riguardo a questa restrizione autoimposta abbiamo dovuto però accettare qualche eccezione, soprattutto quando ci siamo accorti che, senza l'utilizzo di esempi, il contenuto risultava intangibile.

Abbiamo così cercato di sottolineare le nostre osservazioni non attraverso raffronti con l'esistente ma tramite argomentazioni evidenti (sarebbe troppo pretenzioso chiamarle tesi filosofiche, ma forse "tentativi analitico-teorici" potrebbe essere accettabile). Tenendo a mente la leggibilità del testo, abbiamo adoperato questo nostro particolare approccio: il testo deve essere accessibile al lettore in modo semplice e diretto.

Anche se ha scelto di sottrarsi alle costrizioni tecniche della letteratura accademica, questo libro si concede la libertà di fare delle affermazioni generali vincolanti. D'altronde, questo modo di presentare i nostri pensieri non è senza precedenti. Con questo approccio, prendiamo spunto da Friedrich Nietzsche, che in diversi suoi aforismi sostiene l'opportunità di un distacco dall'erudizione di stampo accademico, affermando che prendersi queste libertà comporterà delle condizioni solo apparentemente "sfavorevoli" rispetto ai metodi più rigorosi. Di conseguenza, il fatto che questo testo non rispetti i canoni scientifici non implica che il libro non sia il prodotto di un lavoro intellettuale e il risultato di osservazione, analisi e sintesi, e ponderata riflessione. Anzi, e cosa più importante, come osserva Nietzsche, è proprio questo distacco a "mettere le ali ai piedi" al libro. Ogni lettore riconoscerà facilmente che questo trattato, e quanto vi è affermato, non è privo di predecessori ideali. Naturalmente, anche se non vengono citati direttamente, gli autori di questo libro hanno un debito nei confronti di tutti coloro che hanno influenzato, e dunque contribuito a formulare, le tesi qui sostenute.

Occorre fare una un'altra precisazione. Si tratta di una delimitazione. Questo testo sull'architettura non-referenziale non è un tentativo di risolvere quelli che si potrebbero definire "grandi problemi sociali". Certo, esso prende in considerazione, anche se in termini molto generali, le tendenze fondamentali del mondo non-referenziale contemporaneo, ma solo con l'obiettivo di dimostrare perché l'architettura non-referenziale rappresenti oggi l'unico modo di fare architettura. Non vuole esercitare un'influenza sulle principali correnti sociali o idealizzarle, che sia in un senso o in un altro. Per essere sinceri, evita deliberatamente di farlo: accetta il mondo così com'è, ed è questa la sua posizione di partenza.

Non ci consideriamo dei *Weltverbesserer,* degli "idealisti sognatori" o "buonisti", né riteniamo che sia il compito principale che spetta agli architetti. Il libro intende essere il meno ideologico possibile e si sforza di parlare dell'architettura nel nostro mondo non-referenziale così come si presenta oggi, nel bene e nel male.

Un'altra delimitazione deriva dal fatto che il libro è stato concepito come un trattato che sia possibile leggere in un paio di sere (molti di noi architetti tendono a essere dei lettori lenti). Ci è sembrato che un centinaio di pagine fosse sufficiente a esporre ciò che avevamo in mente, anche se questa voluta brevità significa che non tutti i temi affrontati vengono approfonditi conclusivamente. L'intenzione era scrivere un libro conciso che fornisse un nuovo quadro di riferimento per concepire l'architettura in un mondo non-referenziale. A volte la sua concisione può condurre solo a brevi accenni, ma siamo convinti che i semi sparsi germoglieranno nelle menti e fra le mani degli architetti. Poiché gli architetti sono i principali futuri ambasciatori di un'architettura non-referenziale, va aggiunto in questa prefazione che la tesi dell'architettura non-referenziale richiede anche un'immagine dell'architetto orientata verso il futuro. L'immagine dell'architetto come "autore", cioè come individuo che concepisce e crea edifici, non è antiquata come troppi critici e professori amano suggerire ai giovani studenti nelle aule delle università. Il tipo di architetto che il lettore troverà in queste pagine, ovvero una figura che opera con successo nel nostro mondo non-referenziale, è attuale ed è progressista, poiché mentore e mente direttiva di un team. È uno spirito creativo ed è un pensatore capace di costruire in un mondo non-referenziale.

Questo libro rappresenta dunque un testo fondamentale per gli architetti, un apparato intellettuale, per così dire. Intende aiutarli nella loro ricerca di una posizione professionale solida e onesta nell'ambito della loro disciplina, da cui operare come costruttori in un mondo non-referenziale. È un mondo che ha preso radicalmente le distanze dai principi della modernità e della postmodernità che ancora oggi dominano le istituzioni della nostra professione. I lettori di questo libro saranno forse ispirati dalla totalità del testo. Ma è anche possibile che troveranno stimoli e incoraggiamento solo in un capitolo o in uno dei principi discussi, per poi poter elaborare una nuova architettura non-referenziale a modo proprio.

Valerio Olgiati
Markus Breitschmid

Introduzione all'Architettura Non-Referenziale

Architettura Non-Referenziale

Viviamo in un mondo non-referenziale. Perciò l'architettura deve essere non-referenziale. La non-referenzialità è l'unico modo per concepire edifici portatori di senso in un mondo in cui semplici attribuzioni di significato non esistono più. È fuori dubbio che l'architettura avrà sempre anche un compito sociale, ma oggi gli edifici non possono più ispirarsi a un ideale sociale comune, perlomeno non direttamente, perché ideali sociali comuni come quelli che abbiamo condiviso in passato non sono sopravvissuti nel mondo contemporaneo. L'architettura non-referenziale non è un'architettura che si pone come contenitore di riferimento o simbolo di qualcosa che si trova al suo esterno. A differenza degli edifici del passato, che erano la manifestazione di ideali sociali comuni, gli edifici non-referenziali sono entità che rivestono un significato e un senso solo di per se stesse.

È vano voler rimediare a questa evidente perdita di contenuto conferendo agli edifici un significato attinto da fonti esterne all'architettura. Nel nostro mondo non-referenziale l'architettura smarrisce il cammino se si tenta di arricchire gli edifici ricorrendo a fonti non architettoniche. Questa fraintesa multidisciplinarità o transdisciplinarità non reca alcun beneficio all'architettura, né è favorevole alla sua responsabilità sociale. L'architettura non-referenziale, dunque, non è un'architettura "multi-

14

culturale". Però è anche impossibile svuotare l'architettura di ogni significato: essa non può essere oggetto del nulla. Contrariamente alla tendenza oggi prevalente di arricchire gli edifici con apporti non architettonici, l'architettura è prima di tutto la concezione e costruzione degli spazi e si occupa della loro scenografia e del movimento attraverso di essi. L'architettura genera innanzitutto un'esperienza fisica e sensoriale di base, prima di stimolare, in un secondo tempo, l'interpretazione intellettuale. Gli spazi provocano principalmente due cose: l'esperienza dello spazio e il desiderio di estrarre un senso da tale fondamentale esperienza. Quella dello spazio è un'esperienza base ed essenzialmente architettonica.

Va sottolineato che nessuna disciplina è in grado di dare all'architettura un contributo che ne tocchi la sostanza. Se mai coinvolgesse qualcosa, il non architettonico tenderebbe soltanto a influenzare la sfera intellettuale: si trova infatti al di fuori di ciò che la forma d'arte rappresentata dall'architettura può trasmettere nell'immediato. Invece di considerare gli edifici come simboli di qualcosa che sta al di fuori dell'architettura – cosa che era possibile fare nei tempi in cui esistevano ideali comuni ampiamente riconosciuti e condivisi – oggi l'architettura non-referenziale non ha altra scelta che essere puramente architettonica.

Non ha altra scelta in quanto, per la prima volta nella storia, la società funziona benissimo anche in assenza di una comprensione di base dei rapporti culturali e storici. Il fatto che tale comprensione non esista più, e che tuttavia Il mondo non sembri funzionare peggio di prima, è di notevole importanza per la nostra cognizione del presunto funzionamento del nostro mondo. Questa è una novità per tutti noi!

Il fatto che viviamo in un mondo non-referenziale ha notevoli conseguenze sull'architettura. È soltanto in quanto oggetto puramente architettonico – e qui non ci riferiamo a qualcosa che si erge solitario e autonomo dal resto, perché un oggetto architettonico può essere qualsiasi cosa, da un frammento di edificio a un'intera città – che un edificio ha la capacità di produrre un'eco nell'anima e nella mente di una persona che oggi vive in un mondo non-referenziale.

Nel mondo non-referenziale, non potendo più esistere significati prestabiliti, ognuno è chiamato a risintonizzarsi costantemente con la realtà. Non è per niente sorprendente che i filosofi abbiano esteso la nozione di artista a tutti gli uomini. Questa nozione più allargata dell'artista considera gli esseri umani come esseri creativi capaci di plasmare l'insieme dei loro contesti di vita come in un'opera d'arte. In tal senso, ogni essere umano è un architetto della vita. Nel nostro mondo non-referenziale dovremmo tutti costruire un mondo. Inoltre, la cosa fondamentalmente diversa dal passato è che ora l'individuo non costruisce più *un* mondo, ma tutti noi costruiamo il *nostro* mondo. L'importante per noi architetti è che la costruzione filosofica di un mondo vada di pari passo con l'atto reale del costruire compiuto dagli architetti veri e propri. Anziché ricorrere a fonti non architettoniche per assegnare un significato agli edifici, gli edifici stessi possono divenire portatori di senso. Questo genere di edifici può svolgere un ruolo cruciale nel compito sociale di ordinare il mondo.

Avvalersi di elementi estranei all'architettura per assegnare agli edifici un valore aggiunto non solo è inutile ma significa sottovalutare le capacità dell'architettura. Arricchire gli edifici di una varietà di sfaccettature è un vecchio modello dell'architettura postmoderna, che mira a un mondo cosiddetto multiculturale. Solo che non viviamo nell'ideale multiculturale della postmodernità, bensì in un mondo non-referenziale non più governato dall'ideale di una sempre maggiore diversità, il cui obiettivo era una società equilibrata dove tutti i valori stabiliti coesistessero. Se non ha già cessato di esistere, questo modello di società, ossia l'ordinata convivenza di valori, si sta comunque rapidamente estinguendo. Il mondo multiculturale proponeva la coesistenza di sistemi di valori affermati. La sua sfida più grande era stabilire valori che fossero comuni e coerenti per una società caratterizzata dalla diversità di persone provenienti da tutto il mondo. Alla base di tutto c'era il concetto dell'integrazione. Tale concetto, che faceva parte dell'ideologia postmodernista del periodo fra gli anni sessanta e ottanta, presupponeva una relativa omogeneità degli obiettivi sociali e una grande similarità di bisogni e interessi. Ma oggi non è più così. Oggi, non solo sono pochissime le persone che hanno un'idea di quali siano questi bisogni, interessi e valori, ma attorno a tali valori non esiste certamente quel vasto consenso che potrebbe strutturare e ordinare il nostro mondo. Nell'attuale mondo non-referenziale gli obiettivi sociali si differenziano in base alla miriade di individui e gruppi i cui interessi sono talmente diversi da renderne del tutto impossibile la fusione. Guardando alla struttura della popolazione da un punto di vista sociologico, risulta evidente l'inesistenza di bisogni comuni identificabili, perché manca oggi persino un concetto coerente di "umanità". Se in passato condividevamo un "progetto" o un "programma" – con convinzione nell'epoca moderna, con atteggiamento critico in quella postmoderna – ciò non accade più nel mondo non-referenziale. Non pochi studiosi hanno etichettato la situazione odierna come un allarmante "vuoto ideologico". Noi, invece, con meno impeto, preferiamo descrivere lo status del nostro mondo non-referenziale come un *realismo senza interpretazione*.

Le grandi correnti spirituali del mondo ci interessano, certo. Come architetti, tuttavia, dobbiamo riconoscere che i non-architetti non conoscono la vera ragione d'essere dell'architettura, anzi, che spesso neppure gli architetti stessi la conoscono. Di conseguenza, anche gli architetti sono da biasimare quando sono erroneamente convinti che, in questi nostri tempi disorientanti, la salvezza dell'architettura risieda in approcci che adottano l'economia, l'ecologia e la politica come base principale del fare architettura. Sperano così di permearla di significato e moralità. Altrettanto sbagliato è l'approccio degli architetti che concepiscono il costruire come un atto altamente artistico e lo pervadono di concetti esoterico-retorici, che sono quasi sempre vuoti di senso e senza vita. In entrambi questi approcci, l'architettura fa affidamento su elementi che stanno al suo esterno e non le appartengono. Se questi architetti parlano di architettura, lo fanno solo dai propri punti di vista specificamente non architettonici; allo stesso modo, basano i propri giudizi su criteri tratti da tali approcci non architettonici. Non si può smentire che l'architettura sia influenzata, tra l'altro, dalla matematica, dalla sociologia, dalla biologia, dall'etica e dall'arte, ma queste discipline e le loro specifiche prospettive non possono contribuire al vero punto in questione: il compito di "progettare" edifici. Lo ripetiamo, e non sarà l'ultima volta: un edificio non è solo un oggetto architettonico, ma possiede l'innata capacità di essere produttore di senso. Pertanto, l'architettura non-referenziale ha come base e giustificazione quella che dovrebbe essere la qualità, la caratteristica primaria di un edificio, ossia la capacità di darsi da sé un senso. A tale riguardo il filosofo Martin Heidegger ha affermato: "L'edificio è nella pietra".

L'architettura non-referenziale si libera dai vincoli dei significati non architettonici in modo da avere un senso per gli uomini del XXI secolo, che non si orientano più verso gli ideali prefissati racchiusi in quei significati. Considerare l'architettura una disciplina autonoma non è una novità. Quel che è nuovo, però, è la crescente eterogeneità della nostra società. Constatare che viviamo in un mondo dove esistono sempre meno linee guida e regole condivise dalla maggioranza di noi non è una questione di pessimismo. Oggi non ci sono più istituzioni che, come in passato la Chiesa o lo Stato, siano in grado di forgiare la nostra società, o anche semplicemente di tenerla unita. A partire dall'Illuminismo la Chiesa è andata perdendo la propria capacità coesiva, mentre lo Stato, subentratole come forza unificatrice, si sta ora disintegrando davanti ai nostri occhi. Tante delle menti più brillanti e istruite sono giunte alla conclusione che una chiara caratteristica della nostra epoca sia che oggi non è più possibile credere veramente in qualcosa, e questo vale non solo per la religione ma anche per la politica, l'arte o la scienza. Ciò però non significa che attualmente non si verifichino più grandi conquiste umane. È vero proprio il contrario. Ma le odierne conquiste e innovazioni non si integrano in un insieme coerente di valori ampiamente condivisi, e neppure puntano nella direzione di un'istituzione che aiuterebbe a mettere ordine in un così elusivo insieme di comportamenti. Potremmo dire che viviamo oggi in un mondo sempre più privo di ideologie. Viviamo in un'epoca di generale disincanto, in cui l'unico incanto è forse il disincanto collettivo. Ci si potrebbe lamentare, ma non servirebbe a niente. Infatti, non ci vogliamo lamentare; anzi, l'architettura non-referenziale fa di questo mondo, in cui semplici attribuzioni di significati non esistono più, un'occasione per costruire un'architettura liberata adatta a un mondo non-referenziale.

Riguardo all'architettura non-referenziale si pone la seguente domanda: come può un edificio produrre un senso? Per dirla in termini più specifici: nel nostro mondo estremamente scollegato, eterogeneo, polivalente, non convenzionale, informale, decentralizzato ed espanso, sempre più povero di ideologie, come possiamo progettare edifici che possiedano una generale validità e un valore comune al di là del significato particolare che possono rivestire per un singolo individuo? L'architettura non-referenziale non rappresenta uno stile particolare di edificio o di città, né richiede un qualche tipo di ideologia: non offre quindi stili o ideologie cui un architetto, un cliente, un urbanista o un politico potrebbe attingere per progettare edifici e pianificare città. Ciò risulta evidente quando si guarda alla teoria architettonica della seconda metà del Novecento, sviluppatasi a partire dalla pubblicazione del trattato seminale di Robert Venturi *Complessità e contraddizioni nell'architettura* (1966). Quasi in parallelo alla concezione di Venturi, che ha così fortemente influenzato l'architettura, si pone l'"autonomia dell'architettura" formulata nello stesso anno da Aldo Rossi, con cui si sostiene che l'architettura non può trarre origine che da se stessa. Anche teorici dell'architettura profondamente divergenti da Venturi e Rossi puntano nella stessa direzione: Peter Eisenman auspica la completa sostituzione della semantica con la sintassi; Bernard Tschumi non riconosce alcuna relazione fissa tra forme ed eventi architettonici; Peter Zumthor persegue un'"innocenza civilizzatrice"; Jacques Herzog e Pierre de Meuron si fanno paladini di una "forma specifica" dove l'architettura non rappresenta nulla; Rem Koolhaas supera l'interrelazione fra il significato, l'identità e la forma degli edifici e introduce la nozione tecnologica del "generico". Tutti questi esempi rappresentano tentativi di liberare l'architettura dal non architettonico. Siamo testimoni di un movimento verso un'architettura pura; in altre parole, del crescente affermarsi di un'architettura liberata che non è più ideologica o, in termini più generali, non più simbolica. I tentativi degli architetti sopra menzionati sono tuttavia debitori del modernismo, essendo nati in reazione a esso, a volte prendendo le distanze dal modernismo e altre volte come una sua estensione. Tutti questi architetti hanno saputo acutamente profetizzare l'avvento di un mondo eterogeneo e polivalente e hanno proposto delle soluzioni per adeguare l'architettura alle nuove esigenze. Nessuno di loro ha però risposto in modo positivo al nuovo mondo polivalente. Nei loro diversi approcci, hanno tutti assegnato all'osservatore dei loro edifici il ruolo di destinatario, di "spettatore" coinvolto più o meno direttamente o indirettamente. Per quanto riguarda Eisenman e Tschumi, a questo destinatario viene chiesto di decostruire il proprio mondo con un atto intellettuale; nel caso di Herzog & de Meuron e di Zumthor il destinatario deve sottoporsi a una purificazione rituale per raggiungere, come un monaco o un buddista, uno stato di innocenza contemplativa; secondo Koolhaas, il visitatore è uno spettatore che accetta la scientifizzazione, la specializzazione e la frammentazione del sé. Tutti questi sono stati momenti importanti nel percorso che ha portato l'architettura a essere quella che è oggi, e ciascuno di essi ha preparato incontestabilmente il terreno per un'architettura non-referenziale.

La tesi dell'"architettura non-referenziale" non solo radicalizza questi tentativi di liberazione, ma volta pagina rispetto all'architettura del postmodernismo e del tardo modernismo degli anni fra il 1960 e il 2000, che, occorre ripeterlo, è ancora fortemente impregnata dei principi del precedente modernismo. L'obiettivo è un'architettura non-referenziale che si è lasciata in gran parte alle spalle o ha neutralizzato le idee del "Progetto moderno".

Il "Progetto moderno" dell'architettura moderna e postmoderna viene definito come un movimento sostanzialmente politico secondo cui la mente umana è l'origine di tutte le cose. I suoi concetti chiave sono: individualismo, liberalismo, marxismo, meccanicismo, razionalismo, relativismo, scientismo, secolarismo e soggettivismo. Il fatto di averlo abbandonato e di esserci inoltrati in qualcosa di nuovo è stato riconosciuto, pur con qualche riluttanza, anche da Rem Koolhaas. In una conferenza tenuta alla Harvard University nel 2016, Koolhaas ha affermato che "le persone sopra i cinquanta hanno l'inclinazione a preoccuparsi, mentre quelle sotto i cinquanta tendono a restare indifferenti".

L'idea non è tanto che oggi le persone si disinteressano, quanto che hanno imparato a non lasciarsi sedurre da concetti del XX secolo come "progetto" e "programma". Nel mondo attuale le persone affrontano le complessità della vita in un modo non ideologico che rifiuta il significato in senso referenziale. Il modernismo e il postmodernismo, il primo con ottimismo e il secondo con atteggiamento critico, erano ancora convinti della validità di un sistema di valori comuni, credevano ancora in un mondo che, in ultima analisi, continuava a essere governato da un codice morale e da valori stabiliti. Oggi queste certezze non esistono più. Il discorso architettonico postmodernista si confrontava con le complessità socio-politiche della vita urbana, ma le sue proposte trovavano sostegno nella riconosciuta fattibilità del "Progetto moderno" referenziale. L'odierna architettura nonreferenziale ha un compito diverso: i suoi edifici devono essere significativi in un mondo che rifiuta il significato. Si tratta di un cambiamento fondamentale: il passaggio da un'architettura che offre ai suoi fruitori la possibilità di far parte di una totalità conosciuta, che è positiva nei confronti della vita e in cui credono, a un'architettura che consente loro di costruire una totalità rassicurante alla cui esistenza in fondo non credono.

L'architetto professionista si trova di fronte al seguente dilemma: come può un edificio essere particolare, unico, eppure significativo, senza essere il frutto di una "sovrastruttura" ideologica ormai scomparsa? Per concludere: in un mondo come quello odierno, privo di valori e regole fissi a dare significato a un edificio è esclusivamente l'idea dell'architetto, perché egli non può contare su un insieme coerente di valori che siano condivisi dai fruitori di tale edificio. Questa nuova situazione sociale non implica tuttavia che l'architetto debba operare isolato. Anzi, è compito dell'architetto comprendere le tendenze sociali fondamentali del suo tempo – per quanto polivalenti possano essere – e assumerle come guida nella concezione dei suoi edifici. Diversamente da quanto si sente spesso dire, gli architetti non stanno diventando meno importanti. È vero proprio il contrario: in assenza di linee guida istituzionali e di convenzioni sociali come quelle che in passato indirizzavano la pratica architettonica, spetta all'architetto progettare edifici che abbiano un significato, ma non un significato o un programma prestabiliti come accadeva in epoca moderna e postmoderna, o anche in tempi più remoti. Si tratta piuttosto di progettare edifici dotati di un significato, un senso esistenziale per la vita delle persone. Questa è la nuova e indubbiamente difficile situazione in cui ci troviamo oggi. È una sfida, ma riflette il mondo attuale. Tentare di riesumare vecchi modelli sociali non porta a niente. L'architettura di oggi deve essere non-referenziale. Non ci sono altre possibilità, perché qualsiasi tentativo di vestirla di ideologia e catalogarla in una qualche "scuola di pensiero" la rende quasi immediatamente obsoleta. Tuttavia, "non-referenzialità" non significa che oggi non ci siano più norme per l'architettura. Non c'è spazio per un giovale "va bene tutto", per quanto seriamente venisse intesa questa provocazione mezzo secolo fa. Per l'architetto che oggi progetta edifici è di primaria importanza disfarsi della concezione che per lungo tempo ha guidato l'architettura, vale a dire che l'architettura dev'essere referenziale. L'architettura non-referenziale deve rivolgersi a quell'immensa e non ideologica agilità mentale di coloro che vivono nell'odierno mondo non-referenziale. Perciò un edificio non può essere né storico, né simbolico (entrambi i termini sono qui usati nel loro significato filosofico più ampio), ossia non può rappresentare qualcosa che è al di sopra e al di là di se stesso, perché non c'è alcuna opinione unanime su cosa siano quell'"al di sopra" e quell'"al di là". Un edificio esiste solo per se stesso.

Che un edificio esista solo per se stesso non è affatto problematico, come qualcuno potrebbe obiettare. Si può fare un paragone con il supera-mento della metafisica razionalista tradizionale verificatosi con l'introduzione dell'estetica come nuova disciplina filosofica. Non diversamente dall'estetica, che offriva allora una nuova possibilità epistemologica, oggi un edificio ha in sé la capa-cità di includere tutto. Pertanto, un edificio non ha bisogno di essere giustificato da sistemi esterni, allo stesso modo in cui l'estetica non poteva più essere considerata una scienza filosofica inferiore rispetto all'etica e alla logica. È possibile che la presenza fisica di un edificio comprenda tutto, an-che le meraviglie più sublimi ed eterne condivise dall'umanità.

Invece di tentare di incarnare ideali non più esistenti o che non hanno più il potere di connettere le persone, un edificio dovrebbe incoraggiare gli individui a riflettere e a instaurare un dialogo con esso e, per estensione, con il mondo. Un edificio deve quindi essere produttore di senso. Questo tuttavia non significa che debba essere il ricettacolo di un senso a esso esterno, ma deve essere piuttosto l'edificio stesso, in quanto costruzione di tipo elementare, ad aiutare il suo abitante a costruire un senso. I migliori edifici suscitano il genere di risonanza a cui aspira sempre l'architettura: instaurano un dialogo fra il "qui" e il "là", fra l'"io" e l'"ignoto". Gli edifici non-referenziali attivano questo genere di dialogo. Ciò nonostante, essi non rappresentano nulla; piuttosto, producono senso attraverso la loro presenza. Un edificio, insomma, va inteso come un oggetto che stimola la creatività delle persone.

Oggi gli edifici sono troppo spesso concepiti come espressione di concetti economici, ecologici e politici. Qualunque sia il motivo non architettonico che ha portato alla loro realizzazione, tutti gli edifici referenziali hanno una cosa in comune: la perdita della capacità di essere universali. In altre parole, invece di conferire "profondità" e significato a un edificio, il contenuto non architettonico fa proprio il contrario.

Anche se l'edificio può risultare interessante per l'uso di un particolare riferimento, comunque tenderà a essere privo di validità universale al di là di questo riferimento. Buoni esempi di architettura con contenuti non architettonici sono i diversi musei costruiti di recente in cui viene commemorato qualcosa, spesso tramite ambiziosi riferimenti storici.

Tuttavia dobbiamo notare che questi non sono gli unici esempi di come l'inclusione di temi non architettonici influenzi la nostra immaginazione nel concepire un edificio. Rimaniamo intrappolati in un determinato tema e la nostra immaginazione è scarsamente stimolata in rapporto sia all'architettura sia al mondo circostante. Edifici di questo genere soffocano nel referenziale.

Oltre al ricorso più comune alla referenzialità in architettura descritto sopra, occorre sottolineare un altro approccio problematico. A volte gli edifici sono progettati con un approccio dichiaratamente artistico. Potremmo anche definirlo concettuale. Questo approccio è spesso decisamente retorico. E di frequente è anche esoterico. Nonostante l'approccio concettuale riconosca che nel nostro tempo la referenzialità è insostenibile, non è comunque auspicabile concettualizzare gli edifici a tal punto da svuotarli di ogni significato. Certo, l'approccio "artistico" o "concettuale" è consapevole del problema della referenzialità e vuole liberare gli edifici da connotazioni e immagini storiche e simboliche. Ma ciò che propone è privare l'edificio di ogni genere di significato. Il processo con cui tenta di ottenere questo "svuotamento" implica il "trovato" e l'"accidentale". Neanche questa può essere una risposta adeguata, perché presume che l'esistenza di un ordine architettonico preciso e ben concepito basti da sola a coinvolgere gli esseri umani in modo significativo. L'ordine architettonico di per sé non è produttore di senso, anche se strutturato in modo coerente. L'approccio "artistico" o "concettuale" (così chiamato perché s'ispira all'arte concettuale) è problematico perché tende a ritirarsi in un mondo tutto suo, in cui a un'estrosità ne succede un'altra. Questi edifici non esprimono niente in quanto mancano di idee produttrici di senso.

Bisogna sottolineare e ribadire che, per quanto elaborato nel modo più rigoroso e coerente, l'ordine architettonico da solo non è produttore di senso. È piuttosto qualcosa di meccanico, paragonabile agli ingranaggi di un orologio perfettamente calibrati. C'è una ragione per cui gli ingranaggi degli orologi, malgrado la loro bellezza meccanica, non sono di solito inclusi nella sfera dell'estetico.

E qui sorge la questione di come un'idea architettonica produttrice di senso possa diventare una realtà. Cos'è dunque esattamente ciò che conferisce a un edificio la sua espressione spaziale e formale produttrice di senso? Certo, esiste una precondizione di base valida per tutti gli edifici: l'esperienza fisica dello spazio. Alberto Giacometti sosteneva che ciò che le sue sculture avevano di meglio era che si potevano toccare. Noi affermiamo che ciò che di meglio hanno gli edifici è che si possa fare l'esperienza fisica dei loro ambienti. Tale esperienza dello spazio è incontrovertibilmente la "materia prima", per così dire, con cui ogni edificio deve fare i conti. È la chiave dell'architettura non-referenziale.

Con la loro presenza, gli spazi conferiscono agli edifici un'universalità soggettiva. L'esperienza dello spazio è presente sempre e ovunque per ognuno di noi. L'affermazione può suonare troppo lapidaria, ma questa è la realtà: anche lo spazio in apparenza "semplice" o "elementare" di un edificio contiene già sotto numerosi aspetti le sue rappresentazioni. Gli spazi sono significativi di per sé. Fondamentalmente, possiamo dire che rendono tangibile la vittoria sulla materia. Ed è attraverso questa vittoria sulla materia che l'edificio diventa produttore di senso. Si tratta di un'esperienza di base per tutti. Intesa in questi termini, la forma degli spazi – interni ed esterni – resta alla fine la forma architettonica più generale di un edificio. È la forma ad apportare alle persone un valore culturale aggiunto, ad attivare gli individui e la società. Tutto il resto – l'economia, l'ecologia, la storia, la politica e gli altri contributi non architettonici – non solo non è rilevante ma ha anche tutti i limiti della referenzialità. Questi contributi non architettonici non sono rilevanti perché non hanno una validità universale per gli edifici. Oggi non esiste un consenso sui valori relativi a questi apporti non architettonici ed è un errore basare gli edifici su tali valori non condivisi. Proprio perché è impossibilitata a contare su qualunque ampio consenso, l'architettura non-referenziale può avere una validità universale solo se esprime qualcosa di reale e attuale, il più possibile condiviso e vicino al vero, come nel caso più elementare della vittoria sulla materia. Perciò l'architettura non-referenziale è prima di tutto una questione di forma, ossia di progettazione di spazi, esterni e interni. La forma genera un'esperienza dello spazio che è produttrice di senso.

La nostra è un'epoca affascinante per gli architetti: nei tempi passati l'architettura non ha infatti mai dovuto essere così puramente architettonica come oggi. Gli architetti devono creare spazi privi di riferimenti non architettonici. Le condizioni sociali sono cambiate al punto che oggi, nel mondo non-referenziale del XXI secolo, si sono aperte le porte per edifici che non rappresentano nient'altro che se stessi (naturalmente non intendiamo dire che siano oggetti isolati, estranei al contesto sociale). Che un edificio acquisti significato o meno dipende dal fatto che l'architetto l'abbia progettato privilegiando la forma e la conseguente esperienza, produttrice di senso, dello spazio. Per essere chiari: di questa esperienza produttrice di senso creata dall'architetto fanno parte anche il magico e il mistico. L'architettura esiste nel dominio dell'architettonico, non necessita di alleanze multidisciplinari con ambiti non architettonici e non vuole essere espressione di un sistema ordinatore che non produca senso per le persone. Se un edificio è pura architettura, se cioè si basa esclusivamente sull'architettura, allora è possibile che assuma una forma esclusiva, unicamente sua, eppure sia significativo a livello universale, anche in un mondo che non vuole più saperne del significato.

Dopo la postmodernità: il mondo non-referenziale

Viviamo in un mondo non-referenziale, diverso dal mondo postmoderno degli ultimi quattro decenni del XX secolo. Nell'ultima ventina d'anni la società ha conosciuto un secondo illuminismo.

L'esistenza di questo mondo non-referenziale non è però totalmente riconosciuta dalla comunità degli architetti. Per giustificare il proprio modo di operare, la disciplina dell'architettura indugia ancora su quelle che sono essenzialmente vecchie dottrine moderniste e postmoderniste. Per capire meglio la questione, occorre delineare in queste pagine i nuovi flussi sociali su cui si basa l'architettura non-referenziale.

I personaggi chiave e i loro contributi sono già stati menzionati. Torniamo a fare riferimento a *Complessità e contraddizioni nell'architettura* di Venturi, perché è un ottimo esempio della tesi secondo cui la postmodernità è imprigionata nei paradigmi dell'Illuminismo settecentesco che hanno portato all'avvento del modernismo architettonico del Novecento. È importante sottolineare al riguardo che in epoca moderna e postmoderna il mondo credeva in determinati ideali e che la progettazione architettonica vi faceva riferimento. Una delle conseguenze di questa dipendenza era, per esempio, la necessità di appellarsi all'uno o all'altro stile, tra i quali il più conosciuto era sicuramente l'"International Style". Il concetto di "stile" è un marchio di fabbrica di quelle epoche, anche se talvolta la modernità si è ribellata a tale etichetta, così come è insorta contro quella di "storia", l'altra invenzione spiccatamente moderna e postmoderna. È importante tenerne conto perché, come già indicato sopra, oltre a non essere più simbolico in termini di immagini di qualsiasi genere, il mondo non-referenziale non ha più nemmeno un carattere storico.

La società ha subito dei profondi sconvolgimenti, tali che oggi non è esagerato parlare di un "secondo" o di un "nuovo" illuminismo con cui ci confrontiamo quotidianamente in ogni aspetto delle nostre vite.

Quando nel 1966 Venturi ha presentato la sua "apologia", lo ha fatto come architetto moderno imbevuto degli insegnamenti dell'architettura moderna. In quegli anni era per lui quasi impossibile concepire cosa avrebbe significato vivere e operare in un mondo davvero e completamente "polivalente", per usare uno dei termini cardine del suo trattato. Certo, dalla sua prospettiva moderna di un mondo monovalente Venturi auspicava un mondo polivalente, ma non sapeva come si configurasse. Da questo punto di vista egli concludeva concettualmente il modernismo. L'architetto statunitense era l'interfaccia fra la fine del modernismo e l'inizio del postmodernismo, anche se il vero cambiamento di paradigma doveva ancora avvenire. È anche per questo che il suo appello a un nuovo quadro di riferimento per l'architettura ha qualcosa di sovversivo, in particolare quando egli punta a una pluralità della composizione e ad assemblaggi di segnaletica culturale. Venturi è stato il segugio monovalente che ha individuato gli albori di un mondo polivalente in architettura, ma senza immaginare una società polivalente, probabilmente perché essa ancora non esisteva o perché i suoi pieni effetti non erano prevedibili. Questa è la ragione per cui la pluralità da lui delineata si è esplicata soprattutto nell'ambito della composizione architettonica. Il suo credo sovversivo ha comunque spalancato le porte al movimento decostruttivista che poi in effetti ha fatto seguito. Oggi, sostenere che viviamo in un mondo non-referenziale non ha niente di rivoluzionario. Il mondo non-referenziale è il mondo che si è affermato, in cui tutti i fermenti sovversivi degli anni fra i sessanta e gli ottanta sono stati assorbiti e accettati. Ovviamente, però, questo cruciale cambiamento filosofico e sociale è stato accolto appieno solo da una manciata di architetti.

La vasta maggioranza degli architetti professionisti – insieme a molti teorici, critici e storici – non ha compiuto il passo di cui Venturi aveva una vaga idea quando, circa cinquant'anni fa, ha illustrato la sua teoria. Il più delle volte, il discorso architettonico è ancora arenato in un'ortodossia modernista e in un codice vecchio di mezzo secolo o più. Basta ascoltare i critici delle scuole di architettura quando espongono i loro argomenti per giustificare l'assenza di questa o quella qualità in certi progetti, e subito ci si rende conto di come il discorso architettonico abbia preso in scarsa considerazione gli enormi cambiamenti sopravvenuti. Se si guarda alle idee diffuse dai critici, verrebbe da credere di vivere ancora nel clima politico del '68, con forse

un'unica riconoscibile aggiunta alla critica proget-
tuale: l'onnipresente richiesta di contestualizza-
zione quale valore morale più importante per gli
architetti e i loro edifici.

Viviamo in un mondo non-referenziale totalmente
eterogeneo, polivalente, pluralistico e decentralizzato, dove tutto è possibile ovunque e in qualsiasi
momento. La differenza fondamentale rispetto
alla situazione di appena due decenni fa è il fatto
che oggi tutti – e intendiamo veramente tutti – lo
sanno. La mobilità e il modo di comunicare o di
scambiare informazioni sono soltanto le differenze
più lampanti e riconoscibili rispetto a vent'anni
fa. Ma l'impatto di queste innovazioni tecnologiche
è certo meno significativo del fatto che non cre-
diamo più nell'esistenza di un firmamento sopra le
nostre teste né in quella di un terreno solido sotto
i piedi.

È passato un secolo, poco più dello spazio di una
vita, da quando nelle discussioni filosofiche si
è cominciato a parlare di "disincanto del mondo"
e di "spaesamento trascendentale". Tali discorsi
facevano seguito alla precedente affermazione
di Nietzsche secondo cui gli uomini avevano "ucci-
so" il firmamento carico di senso e coesivo che a
lungo li aveva protetti dalla caducità della dura
natura. Da parte del modernismo, il rimedio a
queste lamentele è stato optare per una sorta
d'incantesimo quasi demoniaco in cui la produttivi-
tà veniva elevata allo status della vecchia religione,
mentre al tempo stesso la sempre maggiore
complessità del mondo determinava la fine delle

narrazioni ingenue. L'ovvia sintesi di questo programma è stato il concetto modernista del "disincanto del mondo".

Dal nostro punto di vista privilegiato, tutto ciò fa parte del "latte materno" intellettuale che ci viene somministrato a scuola e all'università. In effetti, una simile interpretazione della modernità sembra restare in vigore ancora oggi come strumento diagnostico, compresi termini quali alienazione e reificazione. Tale è anche lo status quo ideologico esistente nel mondo accademico. Ciò che i suoi sostenitori hanno in comune è la volontà di essere "critici", convinti come sono che il mondo abbia bisogno in qualche modo di essere salvato. Un'opera collettiva che ha fatto propria questa visione ideologica e raccolto grandi consensi in seno al discorso architettonico è *L'antiestetica. Saggi sulla cultura postmoderna*, un titolo eloquente dato che intende definire una disciplina fondamentalmente estetica qual è l'architettura. A beneficio del lettore, va qui almeno accennato che le posizioni sostenute dagli autori del libro derivano in prevalenza da idee politiche degli anni sessanta e rimangono a tutt'oggi molto più radicate nel discorso architettonico di quanto non ci si renda conto. Non meno eloquente è il fatto che il concetto di "avanguardia", con tutte le sue peculiari connotazioni politiche, a metà degli anni ottanta sia stato oggetto di seri studi sotto forma di riedizioni e nuove traduzioni dell'opera *Teoria dell'avanguardia* (*Theory of the Avant-Garde*, 1974) e che ancora persista nel discorso architettonico standard. Il lungo braccio di questo retaggio si estende ben oltre le università e detta praticamente legge nei comitati di redazione delle riviste, nelle associazioni professionali e fra i responsabili dell'edilizia che lavorano negli apparati burocratici a livello sia comunale che statale.

Negli ultimi vent'anni, tuttavia, il "discorso critico" che abbiamo descritto ha perso un po' del suo slancio. Il mondo fondamentalmente non ideologico e non-referenziale, dove tutto è possibile in qualsiasi luogo e in qualsiasi momento, intrattiene un rapporto molto più pratico e agile con le forze dominanti che lo governano di quanto l'uno o l'altro di quei discorsi critici sia mai stato in grado, o si sia concesso, di avere. Invece di criticare il mondo economico e le sue ingiustizie, il mondo non-referenziale ne apprezza le infinite possibilità. Per l'architettura non-referenziale, i vecchi ideali sociali che negli anni sessanta e settanta hanno ispirato la lotta della postmodernità risultano antiquati. Hanno perso il loro smalto nella realtà d'oggi. Rimane in auge tuttavia, almeno in parte, la concezione che il mondo sia disincantato, perché non possiamo più ingenuamente credere nelle autorità consacrate, a prescindere dalle loro convinzioni o origini. L'attuale nozione di "populismo" nelle democrazie consolidate, anche qui a prescindere dalle sue connotazioni ideologiche, è l'espressione più recente di un mondo essenzialmente polivalente in cui vengono meno schemi di pensiero invalsi a lungo. Si può deplorare la dissoluzione delle ideologie, ma dal punto di vista del mondo non-referenziale è più produttivo considerare questo processo come qualcosa di liberatorio che apre a nuove possibilità. Nel mondo non-referenziale il pensiero basato su categorie ideologiche, che è stato la grande innovazione della modernità e della postmodernità, ha perso il suo potere coesivo nei confronti della società.

Tuttavia, le attuali forme di razionalizzazione ed espressione non hanno portato alla completa scomparsa delle fedi. Dopotutto, ci troviamo tra l'altro di fronte ai sommovimenti del manicheismo islamico. Anche le menti più illuminate dell'Occidente e dell'Oriente sono facilmente inclini ad abbracciare nuove fedi, non più tanto di natura religiosa o politica quanto connesse a questioni sociologiche o ecologiche. Tuttavia queste tematiche in genere catturano l'immaginazione della gente per un tempo relativamente breve e sono in seguito rimpiazzate dalle altre sempre nuove fedi che spuntano come funghi. Certamente, questi sono sintomi di come la nostra società non abbia ideali che siano abbastanza convincenti da indurre un buon numero di persone ad aderirvi. Viviamo al contrario in un mondo dove manca un riferimento sufficientemente saldo e forte da creare una coesione fra gli individui. Quando guardiamo la volta celeste con le sue stelle relativamente fisse che ci fanno orbitare attorno a esse, proviamo sì un senso di stupore enorme, ma fugace, che si spegne rapido come un fuoco d'artificio.

Nessuno sembra in grado di spiegare che tipo di ideale possieda il mondo odierno. Addirittura, eleggiamo liberamente dei leader che ci dicono che non esiste alcun ideale. Il mondo non ha davvero più un firmamento o qualcosa di sacro. È interessante notare che questo vuoto da noi percepito non è una posizione ideologica che si possa condividere o meno. Ovunque è evidente l'assenza di ideali forti capaci di creare una coesione fra i membri di una società, ideali promossi da potenti istituzioni quali la Chiesa e lo Stato di un tempo. Questo non è un giudizio morale. Ogni tentativo di tornare sui nostri passi è inutile. Oggi, anche in una discussione di un certo livello, nessuno viene preso sul serio quando ci fa la predica sostenendo che la nostra epoca è "marcia fino al midollo". La domanda "stiamo andando nella direzione sbagliata?" sembra, nella migliore delle ipotesi, retorica, ma ci consente di chiedere a chi resta fedele ai vecchi ideali cosa vorrebbe far rivivere che sia rispettato da tutti o perlomeno da una grande maggioranza. È inutile voler reintrodurre i tabù o elaborare argomentazioni morali.

Si dice perciò che viviamo in un mondo patetico e banale, che non conosce niente di più grande di se stesso. Ma l'aspirazione a un mondo migliore solleva anche la questione di come si potrebbe presentare un mondo non disincantato, dato che divisioni e fratture di qualsiasi genere non trovano posto in un mondo completamente incantato. Viceversa, siamo molto consapevoli del fatto che l'assenza di una lettura ingenua non solo di testi sacri, ma anche di qualsiasi tipo di dogma autoritario sia sempre di più il tratto distintivo del mondo non-referenziale. L'ambiguo e l'ambivalente hanno assunto il controllo. Non esiste più la via ideale verso una sola e unica verità; o, in altre parole, la verità è raggiungibile solo al plurale. Non siamo tornati a essere politeisti, ma siamo diventati polivalenti.

Non è che il mondo non abbia imparato niente dalla maestosità con cui la ragione autocritica è stata incoronata e dal successivo spettacolo di un illuminismo autoincantato che ha introdotto la scientifizzazione, la specializzazione e la frammentazione. Qualcosa ha imparato. Ha imparato che tutte le grandi domande non possono trovare una risposta in tempi prevedibili. Ci chiediamo anche se questa sia una situazione che caratterizza unicamente il nostro tempo. Non potrebbe essere che le persone vivono bene proprio perché non intrattengono più le idee visionarie nelle quali si erano talmente abituate a credere da esserne diventate dipendenti come dei drogati? Non potrebbe essere che l'interazione fra magia, incanto, disincanto e re-incanto sia molto più duratura e valida di quanto immaginiamo? E forse anche molto più complessa e, in fin dei conti, tutt'altro che banale? Chi è accusato di sottrarsi alle proprie responsabilità civili potrebbe trovarsi più a suo agio con il non-referenziale, e il motivo di questo non è tanto la disillusione verso il mondo quanto verso concezioni e visioni del mondo. Almeno possiamo dire che il mondo non-referenziale non è arrivato all'estremo di essere totalmente privo di una dimensione magica. Malgrado la scientifizzazione delle nostre vite, non ci siamo trasformati in esseri che agiscono puramente in base alla ragione. L'estetica ha conservato a tal punto il suo fascino che, sotto diversi importanti aspetti, il mondo resta enigmatico. Grazie all'indipendenza da contenuti non architettonici e avendo rinunciato a essere il contenitore di un qualche paradigma morale, l'architettura non-referenziale può esprimere – attraverso la forma – non soltanto qualcosa di concretamente esistente, ma anche qualcosa che sia il più universale e autentico possibile.

Genealogia dei sistemi ordinatori architettonici

Scopo di questo capitolo è introdurre all'analisi dell'architettura non-referenziale. A come "leggere", comprendere e interpretare l'architettura. Come architetti vogliamo studiare e imparare a partire dagli edifici esistenti, capirne il senso. Come si concettualizza un edificio? Che cosa è importante quando ci si trova di fronte a uno di essi e si decide di studiarlo? Come un architetto studia gli edifici e che domande si pone al loro riguardo ci dice come affronta il suo lavoro. Il titolo di questo capitolo indica che gli edifici sono analizzati da un punto di vista "genealogico" (lo chiamiamo così in mancanza di un termine architettonico migliore). Questo metodo è in netto contrasto con l'analisi e l'interpretazione in termini sociali. L'analisi genealogica di un edificio o, metaforicamente, del suo DNA, è l'analisi della sua costellazione spaziale. Si potrebbe dire che la costellazione spaziale di un edificio – ovvero lo spazio che esso occupa nella realtà – è il suo DNA. Se parliamo di costellazione spaziale e di spazio è perché non facciamo riferimento soltanto ad ambienti più o meno chiusi, bensì a tutti i generi di spazi esterni e interni che formano la totalità di un edificio. Quando studiamo un edificio, a nostro parere, ne studiamo innanzitutto e in primo luogo la genealogia. Se un architetto vuole capire un edificio, deve perciò studiarne le proprietà formali. Possiamo partire dal presupposto che la costellazione formale degli edifici contiene tutto ciò che è necessario perché un architetto possa comprenderli. Affermare che la costellazione spaziale contenga tutto ciò che richiede d'essere compreso significa anche riconoscere che non tutto in un edificio può essere concettualizzato. Ancora più importante è forse rendersi conto che non tutto ciò che di un edificio si potrebbe studiare è necessariamente significativo per un architetto. Studiare la costellazione spaziale formale di un edificio significa indagarne il carattere architettonico intrinseco. Ci avvicina alla sua essenza più di qualsiasi altro suo aspetto che potremmo analizzare e da cui potremmo trarre conclusioni, per esempio studiando i contenuti storici e rappresentativi.

Approfondire questo assunto basilare è importante perché lo studio degli edifici non corrisponde, per noi, a una decodificazione generale della storia sociale che ci consenta di comprendere le visioni del mondo di questo o quel popolo nel corso della storia. Non è questo il compito dell'architetto, né gli può servire granché se il suo scopo è imparare qualcosa su come concepire gli edifici. Quando parliamo di genealogia dei sistemi ordinatori architettonici, il fulcro dello studio sono gli edifici, perché è della loro realizzazione che l'architetto è responsabile nei confronti della società: la competenza dell'architetto riguarda gli edifici. Questa asserzione non gioca a favore di una ristrettezza mentale negli architetti, ma consente loro di focalizzarsi su ciò che possono controllare. Costruire è di competenza dell'architetto, ed è costruendo che egli può dare il suo massimo contributo alla società.

Per chiarire questo approccio: gli edifici non vanno studiati principalmente dal punto di vista non architettonico, ossia storico o sociale, com'è consuetudine nei corsi universitari di storia dell'architettura. Vanno studiati dal punto di vista formale, quindi al di fuori del tempo. In altre parole, un edificio è considerato come un oggetto che non appartiene a nessuna epoca. Se obiettivo dell'architetto è imparare a progettare, lo studio cronologico della storia dell'architettura non gli servirà a molto. Non che, per questo, ci sia qualcosa da obiettare al fatto che uno studente si iscriva a un corso di storia dell'architettura, ne tragga piacere e impari al riguardo tutto quello che può, finché è chiaro che studi storici e sociali del genere non servono all'architetto professionista per capire che cosa è importante e utile per la progettazione di edifici. Non si vuole suggerire che l'architetto professionista non dovrebbe studiare gli edifici del passato, anzi: visitando e studiando edifici del passato l'architetto impara notevolmente, e dovrebbe farlo spesso e in modo approfondito. Ma l'architetto professionista non trae un gran beneficio dallo studio degli edifici come rappresentazioni di qualcosa al di fuori di essi, cioè come astrazioni di concetti non architettonici, che si tratti di ideali religiosi, collettivi o privati. Per fare un esempio, per studiare le costellazioni formali degli edifici la cosa migliore consiste nel non tenere in alcun conto le informazioni sulla loro origine, su chi li ha costruiti e perché. Per questo, è spesso un vantaggio per l'architetto non sapere nulla della civiltà che ha eretto un certo edificio. In realtà è meglio se non sa chi l'ha commissionato, perché è stato costruito, di che programma faceva parte e quale funzione doveva svolgere.

Fra genealogia e storia c'è una differenza rilevante. A volte la genealogia è ritenuta una scienza ausiliaria della quale la storia non può fare a meno. Tuttavia gli storici ci ricordano giustamente che, per quanto possa essere importante, la genealogia è qualcosa di diverso dalla storia. Quest'ultima, di gran lunga la più giovane delle due discipline, è nata come nuova branca di ricerca sul finire del XVIII secolo e si è affermata nel corso del XIX. Obiettivo della storia non è lo studio delle informazioni accumulate nel tempo di per sé; essa richiede invece un "approccio critico" alle fonti che consenta di identificare cause ed effetti. Per quanto riguarda lo studio di un edificio, il metodo storico ha meno a che fare con le sue proprietà formali che con la loro interpretazione. La genealogia è comunque utile per la storia, perché senza di essa quest'ultima non può esistere: ne è il fondamento. Il che spiega perché la genealogia sia tenuta in alta considerazione nel presente trattato. Se essa è stata considerata "a malapena una scienza", è degno di nota che gli studi genealogici abbiano esercitato una grande influenza sull'immaginazione popolare, probabilmente più della storia accademica. E non è escluso che la ragione della popolarità della genealogia sia che i suoi risultati sono dovuti in misura minore all'intellettualizzazione e alle convinzioni ideologiche, sono cioè molto più "di base". In quanto tali, sono preziosi per un architetto che intende costruire un edificio. Concepire e realizzare un edificio è infatti un'impresa fisica di base. Il pregio della ricerca genealogica è che trasmette informazioni relativamente immutate rispetto alla fonte. In altre parole, la genealogia fornisce dati fisici di base, come informazioni sulle dimensioni degli ambienti, il materiale con cui un ambiente è costruito, misure delle colonne, collocazione e dimensioni delle aperture, spessore delle pareti, come si accede a una stanza eccetera. L'architetto vuole conoscere gli aspetti tangibili, fisici e formali, nella piena consapevolezza che resta ancora molto in un edificio di non quantificabile. Anche se in questo senso il tangibile-fisico-formale ha un carattere di base, per l'architetto professionista è qualcosa che presenta grandi complessità. Al contrario, l'informazione storica che un edificio è, per esempio, un capolavoro di una certa epoca in quanto è una straordinaria rappresentazione di una certa visione del mondo non è per un architetto particolarmente utile, così come non lo è sapere chi ne è stato l'architetto o chi lo ha costruito. La genealogia dei sistemi ordinatori architettonici cerca il concreto e il formale. Essa è utile perché percepire lo spazio è una capacità di base degli esseri umani, una capacità che non s'impara, ma di cui tutti siamo dotati. A dimostrarlo è l'architettura antica.

Un ottimo esempio è il tempio zapoteco di Mitla, nei pressi di Oaxaca, in Messico, perché sulla sua costruzione non hanno esercitato alcuna influenza né

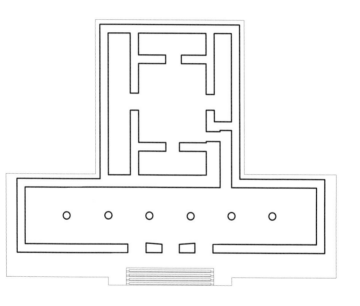

la cultura europea né quelle del Medio o Estremo Oriente. Coloro che lo hanno eretto non hanno avuto contatti con nessuno proveniente dalla Mesopotamia, dalla Cina, dall'Egitto, dall'India, da Creta, dalla Grecia o da Roma. La sua mancanza di rapporti con altre architetture antiche dimostra che certi sistemi ordinatori e la percezione dello spazio si fondano su una sensibilità di base; che, insomma, esistono sistemi ordinatori architettonici universali. Certo, questo non significa che tali sistemi ordinatori siano applicati in eguale misura da tutti i popoli – alcuni non hanno costruito quasi niente – ma gli edifici delle culture che hanno investito nell'architettura presentano sostanzialmente gli stessi sistemi ordinatori, anche se esse non hanno avuto fra loro alcun contatto. I sistemi ordinatori architettonici hanno un'esistenza indipendente da chi li utilizza. Il tempio di Mitla non dimostra solo che le persone percepiscono lo spazio, ma che persone diverse percepiscono lo spazio nello stesso identico modo, indipendentemente dall'epoca e dalla civiltà in cui vivono. Gli esseri umani percepiscono e valutano lo spazio come fanno con il cibo o la musica. Mitla è la prova che esiste una genetica dello spazio e della struttura.

Possiamo continuare a usare il tempio di Mitla anche per dimostrare come un edificio venga analizzato formalmente. Rappresenta infatti un esempio emblematico di gerarchie spaziali e di come i sistemi ordinatori coesistano. Di particolare interesse è il modo in cui sono collegate le due sale maggiori. Quella con la fila di sei colonne è uno spazio direzionale e dà l'impressione di essere senza un centro. Vi si entra nel mezzo. L'altra sala ha quattro aperture, tutte al centro esatto delle pareti periferiche. Il collegamento fra le due sale si situa, per così dire, "da qualche parte". Si entra infatti nella seconda sala da un angolo e ciò condiziona il modo di percepirla spazialmente. La sala con aperture in tutte e quattro le direzioni appare "più importante" di quella con la fila di colonne. Se però vi si entrasse da una delle quattro aperture al centro delle pareti, non si avrebbe la stessa sensazione di "importanza". Se ne avrebbe una percezione più intellettuale. Essa apparirebbe l'espressione di qualcosa di assoluto, di un'idea e, in questo caso, forse la penseremmo come "più importante" a causa di questa intellettualizzazione. Grazie alla soluzione adottata a Mitla, la si percepisce spazialmente e solo in termini architettonici. L'esperienza dei due spazi è diversa, perché sia l'accesso sia l'uscita avvengono fuori dai loro assi principali. Inoltre, una sala rettangolare viene recepita emotivamente, più di una sala rotonda, triangolare o poligonale. Che occorra svoltare per entrare nella sala successiva aumenta la consapevolezza delle diverse gerarchie.

Sarebbe possibile descrivere il tempio di Mitla in modo molto diverso. Si potrebbe vederlo come espressione di una filosofia, immagine di una religione, icona di uno stato, o come una materializzazione di immagini e ambizioni personali. Studiando un edificio in base al suo sistema ordinatore, tuttavia, l'architetto giunge a una comprensione architettonica assoluta di come è ordinato. Per comprendere il tempio di Mitla genealogicamente, non è necessario interpretarlo. Basta una semplice analisi di come si presenta. Per comprendere un edificio, insomma, non servono nomi, date e informazioni sulle sue origini. Il nostro esempio serve a dimostrare come l'architettura vada studiata: invece che dal punto di vista storico o simbolico o in qualsiasi altro modo referenziale, un edificio va studiato formalmente; in altri termini, non-referenzialmente. Inoltre, lo studio formale degli edifici serve anche a suggerire su che cosa un architetto deve concentrarsi quando progetta un edificio.

L'idea nell'Architettura Non-Referenziale

L'idea per un edificio deve avere due qualità: deve essere generatrice di forma e produttrice di senso. Questo capitolo cercherà di spiegare che cosa s'intende per un'idea dotata di queste due qualità. Anche se non è semplice concepire un'idea realizzabile per un edificio che abbia una risonanza nell'immaginazione delle persone, la sua espressione non deve essere complicata né confusa. Nell'architettura non-referenziale l'idea per un edificio può essere descritta in una sola frase o addirittura in poche parole. Non deve essere vaga o elusiva e perciò difficile da esprimere. Non la intendiamo come qualcosa di esoterico, nebuloso, impossibile da definire. L'idea per un edificio deve essere estremamente chiara. Questo, tuttavia, non significa che non possa avere le più alte connotazioni spirituali e metafisiche. Al contrario, le buone idee di edifici sono proprio quelle che possiedono questo genere di connotazioni, perché sono allora capaci di avere un'eco nella mente e nell'anima delle persone.

Ciò che qui va sottolineato è che, per quanto richieda di essere complessa e ricca, l'idea per un edificio deve essere definita e formulata in termini stringenti, convincenti, plausibili. Essa deve essere sufficientemente dettagliata da consentire all'architetto una chiarezza logica sul tipo di edificio da progettare. Non stiamo dicendo che l'edificio finale, quale si ergerà di fronte a noi una volta costruito, deve essere completamente descrivibile: questo è impossibile.

Tuttavia, l'idea per un edificio deve essere sufficientemente descrivibile nella mente dell'architetto a livello di struttura: solo una simile chiarezza, infatti, può consentirgli di iniziare a disegnare un edificio conferendogli la coerenza di una struttura olistica basata su un'idea. In altre parole, senza un'idea fondante non si può realizzare nulla di olistico.

Le idee sono sempre state alla base dei buoni edifici, ma nel nostro mondo non-referenziale hanno acquisito una maggiore importanza. In assenza degli ideali comuni esistenti in passato, ogni edificio che viene eretto richiede oggi la sua propria idea. Trovandoci, nel mondo non-referenziale, in una situazione in cui ideali credibili non esistono più, l'architetto non ha più a disposizione una serie di linee guida. Concepire un'idea per un edificio è ora una sua responsabilità. Che ogni edificio esiga la sua propria idea è una conseguenza del fatto che il mondo non-referenziale è un mondo liberato dalle convenzioni.

Un'idea, quale l'intendiamo qui, è generatrice di forma. Questa è la prima delle due qualità indispensabili che l'idea per un edificio deve avere. Un architetto potrebbe affermare, per esempio, che la sua idea consiste nel costruire un giardino appartato o, magari, una casa che disponga di uno spazio pubblico e uno privato. Quando l'idea è esposta in simili termini concisi, a definirla non è la sua funzione programmatica: sono, piuttosto, le sue qualità generatrici di forma.

Non c'è architetto che, in procinto di progettare un edificio, non sostenga di averne un'idea, ma quello che spesso intende è di essere semplicemente in grado di descrivere il suo programma o la forma dell'edificio che vuole realizzare. Quando invece un architetto dichiara l'intenzione di costruire un giardino appartato o una casa con due spazi antitetici, l'idea esprime un'intenzione formale. Lo scopo è ovviamente dettato dalla destinazione funzionale dell'edificio, ma se un architetto intende costruire un giardino appartato o una casa per una vita ritualizzata, a rendere la sua idea generatrice di forma non è la funzione, bensì il fatto che nel primo caso, l'idea sia di uno spazio chiuso e, nel secondo, di un luogo con spazi che, allo stesso tempo, proteggano e liberino.

Un'idea è architettonica solo se implica una forma. In altre parole, se esprime qualcosa in termini tali da rendere possibile immaginare una forma. Le idee devono essere generatrici di forma. Per tornare all'esempio precedente, concepire all'istante l'immagine formale di un giardino appartato non è difficile. Non tutti, certo, l'immagineranno esattamente come l'architetto che spiega la sua idea a qualcuno, ma più o meno tutti potranno avere un'immagine abbastanza ben definita di un giardino appartato. L'architetto, per esempio, potrebbe descriverlo dicendo che sarà circondato da quattro alti muri, che ognuno di essi avrà al centro un'apertura, che in mezzo al giardino ci sarà una fontana e, per il resto, esso sarà pieno di piante e alberi esotici.

Mentre idee simili sono generatrici di forma, quando un architetto dichiara che la sua idea è di costruire una casa a costi contenuti non esprime un'idea generatrice di forma. Una descrizione del genere non contiene alcuna idea formale. Non esprime un'idea neanche un architetto che dica di voler costruire un edificio bianco o piccolo. Né costituiscono un'idea l'intenzione di costruire una casa in cemento armato, la dichiarazione che una casa sarà autosufficiente dal punto di vista energetico o che verrà costruita una chiesa. In nessuno di questi esempi l'idea è generatrice di forma e, quindi, utilizzabile come idea per un edificio.

È importante, qui, distinguere fra un ordine architettonico e un'idea. Ricorrendo a un'analogia con la letteratura, si potrebbe dire che l'idea è il racconto. L'idea formula l'intenzione principale, ma non definisce come l'edificio debba essere tradotto architettonicamente. Un'idea, quindi, può essere formulata in molti modi prima di essere tradotta nell'edificio reale. L'idea è la descrizione di un'intenzione formale, ma articolata prima di concepirne un ordine. L'idea per un edificio, quindi, occupa un posto abbastanza specifico nel processo creativo della progettazione. È importante distinguere fra idea, ordine e concreta formulazione architettonica in termini materiali. All'inizio possiamo supporre l'esistenza di un qualche tipo di desiderio, per esempio il desiderio di un posto dove stare da soli. Tornando all'analogia con la letteratura, questa fase potrebbe corrispondere alla scelta del genere: per esempio, dramma o fantascienza. Poi viene l'idea, per esempio l'idea di un giardino appartato. In letteratura potrebbe corrispondere al racconto in un dramma o in un romanzo di fantascienza. In terzo luogo c'è il sistema ordinatore: per esempio, il giardino sarà rettangolare e cinto da muri. Nella nostra analogia questa fase potrebbe corrispondere all'intreccio che dà struttura alla storia. In quarto luogo abbiamo i rapporti di causa ed effetto caratteristici di una particolare storia. Nel caso di un edificio si tratta della formulazione architettonica concreta, come il materiale utilizzato per la costruzione del giardino, il suo colore, l'altezza del muro di cinta, il tipo di alberi che vi verranno piantati. L'idea per un edificio, quindi, non è la stessa cosa del suo ordine architettonico. Se l'architetto, per esempio, dice che la sua casa avrà tre muri o tre colonne, sta parlando del suo sistema ordinatore, non della sua idea. Descrivere un edificio come una "casa con tre muri" o una "casa con tre colonne" non dice nulla sulla sua idea generatrice di forma.

Questo ci porta alla seconda qualità che un'idea deve avere: deve essere produttrice di senso. Non abbiamo ancora affrontato la questione che non tutte le idee meritano di essere perseguite. Ci sono per gli edifici idee buone e idee cattive. È molto difficile tuttavia discutere in astratto (senza una specifica ipotesi di costruzione in mente) di che cosa renda un'idea buona, e non è nostra intenzione farlo qui. Supponiamo, comunque, che un architetto dichiari di voler costruire una sfera: l'idea non sarebbe di per sé un'idea buona, anche se la sfera ha una forma e quindi l'intenzione potrebbe essere vista come generatrice di forma. Il fatto è che occorre che l'architetto sappia anche perché vuole costruire una sfera. A questo punto sarebbe possibile prendere in considerazione le sue ragioni e discutere se siano buone o cattive. Altri esempi li troviamo fra quelli già citati: non solo l'idea di una "casa con tre muri" o una "casa con tre colonne" non è generatrice di forma; occorre anche chiedersi se è produttrice di senso.

A questo proposito è doverosa una breve osservazione sull'etichetta di formalismo attribuita a certi edifici. Va chiarito che se un architetto ha una certa idea e quest'idea conduce a una forma stravagante o appariscente, come quella di una sfera, questo non va necessariamente considerato formalismo. C'è la tendenza a una sorta di attribuzione all'ingrosso di etichette, per cui qualsiasi cosa abbia una forma esasperata è definita formalista. Se un'idea porta a una forma di edificio estrema e quest'idea è produttrice di senso, non va considerata affatto formalista. È importante, qui, non applicare criteri sbagliati: che qualcosa vada giudicato formalista o meno dipende dal fatto che l'idea sia o meno produttrice di senso. Se non lo è, un edificio sferico è formalista; se invece l'idea è produttrice di senso, allora un edificio sferico non è formalista. Che un edificio sia o no formalista non dipende in primis dalla sua forma. Anche edifici pieni di modestia possono tendere al formalismo.

Ciò che si può affermare senza esitazioni, tuttavia, è che esistono idee che non portano a nulla. Essendo impossibile costruire un buon edificio a partire da una cattiva idea, è necessario che l'architetto, se giunge alla conclusione che un'idea è cattiva, compia un'autoriflessione e ricominci da capo. Un'idea per un edificio è produttrice di senso se genera una sorta di presa di coscienza o intuizione nella mente di chi lo abita. Potremmo chiamarla una sorta di "argomento di verità". L'idea dell'architetto deve contenere un certo "senso di scoperta" fin dal suo concepimento. Se ci limitiamo ad affermare che essa debba includere un qualche tipo di intuizione, qualcosa che produca senso, è perché, quanto a ciò che una tale intuizione potrebbe essere, è impossibile elencare tutte le possibilità. Naturalmente, questa è una definizione ampia e aperta. Ma è necessario che lo rimanga, perché ogni tentativo di fissarla resterà sempre al di sotto di tutte le possibilità di nuove idee produttrici di senso. Quel che è certo, tuttavia, è che per essere capace di stimolare l'immaginazione delle persone un'idea deve essere produttrice di senso. In ogni caso, l'idea per un edificio deve essere sia generatrice di forma sia produttrice di senso.

I principi dell'Architettura Non-Referenziale

Primo principio: esperienza dello spazio

L'esperienza dello spazio è ciò che si vive e con cui ci si confronta quando si entra in un ambiente o si guarda un edificio dall'esterno. Questa, almeno, è la sua definizione più o meno ampiamente condivisa. Quello che invece riscuote un consenso minore è che l'esperienza dello spazio sia qualcosa di concepito e creato dall'architetto, a cui, infatti, non riconosciamo più il ruolo di colui che plasma attivamente tale esperienza.

Secondo un'idea errata, anche se diffusa, ognuno vivrebbe un'esperienza dello spazio diversa e assolutamente unica; in realtà l'esperienza dello spazio non è qualcosa di relativo, bensì di oggettivo. Oggettivo nel senso di un'universalità soggettiva. È importante che gli architetti che progettano edifici comprendano che, affinché una persona possa vivere una simile esperienza oggettiva dello spazio, è necessario che l'architetto la crei intenzionalmente. Ed è sull'intenzionalità che, qui, va messo l'accento. Se essa manca, se, progettando un ambiente, l'architetto ignora quale debba essere l'esperienza nell'entrarvi, è molto probabile che l'esperienza dello spazio di chi lo visita o lo abita non superi il livello di un incontro fortuito. Se gli spazi interni ed esterni non si prestano a dare vita a determinate esperienze – esperienze che stimolino la nostra immaginazione in un certo modo – il visitatore o l'abitante di simili spazi non avrà altra possibilità che ritirarsi con l'immaginazione nel proprio mondo privato oppure lasciare carta bianca a qualunque cosa gli venga in mente. In tal caso non si può più parlare di esperienza ben definita: il visitatore o l'abitante può sperimentare e, di conseguenza, immaginare cose del tutto arbitrarie. Secondo noi ciò di cui un visitatore o un abitante fa esperienza in un certo ambiente è importante, e all'origine di tale esperienza c'è l'intenzione dell'architetto. Un architetto che non ha un'intenzione riguardo a un ambiente trascura clamorosamente le potenzialità che uno spazio architettonico ha per le persone. Ambienti creati senza un'intenzione non sfruttano le capacità dell'architettura e, è chiaro, non può essere questo l'obiettivo di un edificio. Non potendo più l'architetto – e questo è un dato di fatto – fare affidamento su idee preconcette, nell'architettura non-referenziale egli deve elaborare intenzioni per una determinata esperienza dello spazio in ogni singolo ambiente di un edificio.

È necessario che l'architetto concepisca esperienze dello spazio. Lo fa assegnando a ogni ambiente una precisa configurazione fisica in termini di forma e pareti, colonne, pavimento, soffitto, materiale, luce, struttura, acustica, e di tutte le altre qualità che sollecitano i sensi quando si entra in un ambiente. Di conseguenza, l'architetto deve avere un'intenzione in mente prima di disegnare un edificio. Deve avere un'idea per l'edificio, un'idea dalla quale sarà possibile dedurre l'intenzione relativa a ogni ambiente. In altre parole, l'architetto deve sapere che tipo di esperienza dello spazio l'ambiente innescherà nel fruitore ancora prima di disegnarlo. Con ciò dovrebbe essere adesso chiaro che l'esperienza dello spazio non è qualcosa che semplicemente "accade" quando un visitatore o un abitante entra in un ambiente. Si può quindi affermare che nel concepire un ambiente l'architetto propone una sorta di tesi, definibile come "tesi sull'esperienza dello spazio".

Occorre fare da subito un'importante precisazione: l'esperienza dello spazio non è solo una sensazione viscerale che un abitante prova dentro di sé, la "sensazione di pancia" di cui spesso si parla. L'occupante affronta un edificio con la totalità dei suoi sensi e con le sue facoltà cognitive.

La mente è parte dell'apparato fisico degli esseri umani. Gli edifici non sono vissuti soltanto emotivamente e attraverso sensazioni, cioè soltanto visceralmente. Dell'esperienza fisica di un edificio fa parte anche il pensiero. Gli edifici vissuti solo tramite emozioni e sensazioni ci lasciano un margine di partecipazione molto ridotto; si resta soli con le nostre emozioni e sensazioni. Questo è un aspetto dell'architettura che viene spesso frainteso: si presume che un edificio vissuto emotivamente sia inclusivo. È vero proprio il contrario. L'architettura che mira a essere percepita soprattutto a livello emotivo è in realtà la meno sociale, tende a essere privata. È limitante e di scarso interesse. L'architettura dovrebbe invece avvincere le persone e, per fare presa su di esse, è necessario coinvolgere anche la loro mente.

Affermare che l'esperienza dello spazio non è unicamente una sensazione viscerale non significa che in essa non sia coinvolta anche una dimensione fenomenologica. Se ci teniamo tanto a sottolinearlo è perché troppo spesso si ha l'erronea idea che il cosiddetto approccio fenomenologico all'architettura comporti per l'architetto il sottrarsi alla propria responsabilità di creare un'esperienza dello spazio.

Scrittori e critici che si proclamano fenomenologi mettono l'accento sull'esperienza dello spazio come qualcosa che si "crea", si direbbe, a posteriori. Le loro convinzioni ermeneutiche, infatti, li inducono a ritenere che la percezione abbia quasi interamente origine nella mente del visitatore o abitante. Non è così. La relazione oggetto-soggetto fra edificio e abitante non ha luogo quasi esclusivamente nella mente dell'abitante: l'esperienza dello spazio è qualcosa che l'architetto crea tramite le qualità fisiche di un ambiente. È l'architetto, quindi, a modellare attivamente l'esperienza dello spazio, almeno quanto il visitatore o abitante, se non di più.

In considerazione di quanto si è sostenuto sopra, occorre riaffermare in architettura un importante fondamento epistemologico: vorremmo chiamare l'esperienza dello spazio una "sensazione base". Essa è comune a tutti gli esseri umani. Negli ultimi tempi quest'idea, che l'esperienza dello spazio sia comune a tutti gli esseri umani, è andata in gran parte smarrita. Ed è proprio questo, il non rendersi più conto che l'esperienza dello spazio è una sensazione base, a essere responsabile dell'impressione che essa non sia qualcosa di creato dall'architetto, ma qualcosa che ogni abitante crea da solo.

L'esperienza dello spazio è intesa come una sensazione base in quanto, nell'entrare nello stesso ambiente, le persone hanno tutte più o meno le stesse impressioni. Dal punto di vista epistemologico, tali impressioni "non filtrate" o immediate delle caratteristiche fisiche di un ambiente condizionano quasi interamente la nostra esperienza dello spazio. Questo non significa che non interpretiamo gli ambienti anche in base a filtri mentali e fisiologici soggettivi. Tuttavia è un errore credere che le connotazioni soggettive che caratterizzano ogni interpretazione alterino in modo fondamentale la nostra percezione di un ambiente.

Per fare un esempio, se un inuit, che ha vissuto tutta la vita nella regione circumpolare settentrionale del nostro pianeta, e un berbero, che ha vissuto tutta la vita nel deserto del Sahara, entrano nello stesso ambiente, vivranno essenzialmente la stessa esperienza dello spazio. Se un inuit e un berbero entrano in una cattedrale gotica, la loro esperienza dello spazio, con la sensazione di ascesa che la caratterizza, è la medesima, anche se non hanno mai visto prima uno spazio simile in vita loro e le loro rispettive storie non li hanno preparati a sensazioni del genere. La loro esperienza dello spazio è frutto delle qualità fisiche precipue della configurazione spaziale con cui si trovano a confronto: forma, materia, luce, struttura, acustica e ogni altra cosa che costituisce un ambiente olistico. In altre parole, di primaria importanza per l'esperienza dello spazio è la totalità delle qualità formali.

Naturalmente, ciò non significa che l'esperienza dello spazio sia assolutamente identica per tutti. Le esperienze passate e le differenze fra gli esseri umani quanto ad apparato fisico origineranno delle variazioni, che però non costituiscono fattori decisivi e non determinano il modo di vivere un ambiente. Nell'esporre le basi dell'architettura è importante accettare che l'esperienza dello spazio è qualcosa di assolutamente fondamentale e primario per gli esseri umani.

Se volessimo confrontare l'esperienza dello spazio di un edificio con un film, potremmo paragonare l'esperienza interpretativa dello spazio connessa all'esperienza passata e all'apparato fisico di una persona tutt'al più a degli effetti speciali. Ed è chiaro a tutti come gli effetti speciali non siano decisivi per il film nel suo complesso, cioè per la storia e la trama. Possono variare senza che la storia ne risulti alterata. Il paragone mette in luce un punto importante, che vale anche per gli edifici: l'esperienza dello spazio possiede una certa logica, e tale logica è soggetta all'idea architettonica. L'esperienza dello spazio non è qualcosa in cui ci s'imbatte accidentalmente, in modo istintivo, quasi animalesco: ognuno farebbe la propria a modo suo. Ritornando all'analogia con il film, l'esperienza dello spazio è frutto di un'intenzionale regia. Non diversamente da quello di un film, anche l'artefice di un'esperienza dello spazio, l'architetto, è un autore.

Se si percepisce un ambiente con tutti i sensi, e con il comune desidorio umano di interpretarlo, molti differenti visitatori e abitanti giungeranno alle medesime conclusioni, avranno cioè del suo spazio un'esperienza molto simile. Per sottolineare come l'esperienza dello spazio sia qualcosa di comune, si può ricorrere a un esempio che, tratto dalla musica, rende più chiaro il discorso sulla sensazione base dell'esperienza dello spazio. Fra ambienti e interi edifici da un lato e composizioni musicali dall'altro non c'è, infatti, molta differenza. Le sensazioni provate da due ascoltatori di fronte a una sonata di Bach o a una sinfonia di Beethoven hanno poco a che vedere con il fatto che uno sia cresciuto nella regione artica e l'altro nel deserto africano. Le impressioni uditive suscitate da quei brani evocheranno in entrambi più o meno la stessa sensazione base. E, se l'esecuzione di quelle composizioni musicali sarà fedele, conforme cioè agli spartiti dei rispettivi compositori, lo stesso si potrà dire non soltanto per quei due, ma per tutti gli ascoltatori. Quando ascoltiamo la *Nona sinfonia* di Beethoven proviamo tutti le medesime sensazioni. Lo stesso accade, per tornare all'architettura, quando ci troviamo di fronte al Taj Mahal ad Agra: al vederlo l'esperienza dello spazio è più o meno la medesima per tutti.

A permettere di intendere lo spazio e la forma quali "materie prime" dell'architettura sono l'estetica psicologica e quella fisiologica, le cui origini risalgono alla seconda metà del XIX secolo. Entrambe suggeriscono un modo per liberare l'architettura da immagini portatrici di contenuto. A uno sguardo superficiale, la stessa estetica psicologica sembra indicare che l'esperienza dello spazio non sia qualcosa di ugualmente tangibile e comune a tutti. Si tratta, tuttavia, di un grave malinteso. Tale involontario svilimento dell'esperienza comune dello spazio, è essenziale chiarirlo, non è altro che l'errata interpretazione relativistica di ciò che, in realtà, voleva essere un'elevazione epistemologica dell'estetica da parte delle facoltà soggettive degli esseri umani. L'intenzione non è mai stata quella di negare il suo carattere generale. Per chiarire questo malinteso ricorreremo a un esempio. Con il famoso detto "la bellezza è negli occhi di chi guarda" non si è mai voluto implicare che un osservatore potrebbe vedere qualcosa in un modo e un altro in un altro. Ciò che Immanuel Kant intendeva, affermando in riferimento alle parole di Tucidide che "la bellezza è negli occhi di chi guarda", era che gli esseri umani, per poter esprimere un giudizio su ciò che vedono, dovrebbero usare gli occhi: l'accento era posto sull'uso degli occhi, anziché su una moltitudine di interpretazioni. È questo che viene chiamato universalità soggettiva: soggettiva nella misura in cui a vedere è un essere umano, universale nella misura in cui un essere umano, se fa uso della propria intrinseca capacità di vedere, vedrà ciò che effettivamente c'è, cioè qualcosa di oggettivo. Fra soggettivo e relativo c'è una grande differenza. A tale posizione il "travisamento" relativista per cui ogni osservatore vede ciò che sente dentro di sé è sempre stato estraneo, e questo equivoco, tutt'altro che di poco conto, ha avuto conseguenze estremamente infauste, anche in architettura. Applicata all'esperienza dello spazio in architettura, universalità soggettiva significa: se percepiscono un ambiente sufficientemente bene, i vari osservatori, cioè visitatori e abitanti, giungeranno a suo riguardo alla stessa conclusione. La maggior parte della gente, tuttavia, vede nel concetto di universalità soggettiva un ossimoro. Che universalità soggettive esistano legittima l'obiettivo dell'architettura di usare il proprio potenziale per creare una specifica esperienza dello spazio concepita dall'architetto. Non farlo significa non realizzare le potenzialità intrinseche di ambienti ed edifici e dell'architettura nel suo insieme.

Per le ragioni esposte sopra, l'esperienza dello spazio di un ambiente non è una questione di educazione; è una facoltà base e comune a tutti gli esseri umani. Nell'introduzione abbiamo citato l'affermazione di Alberto Giacometti secondo cui ciò che le sue sculture avevano di meglio era che si potevano toccare. E abbiamo osservato che tale immediatezza, cioè che si possa fare fisicamente esperienza dei loro ambienti, è ciò che di meglio hanno anche gli edifici. Nel contesto del nostro discorso, ciò significa anche che un astrofisico di altissima cultura prova, nell'accedere a uno spazio, più o meno le stesse sensazioni di una persona che non è mai andata a scuola. Il che può essere confermato da chiunque abbia mai osservato la reazione della gente nell'entrare nell'abbazia di Le Thoronet, in Provenza: è improbabile che i suoi visitatori siano tutti astrofisici. L'esperienza dello spazio, insomma, non è una competenza intellettuale, ma una capacità base posseduta da tutti gli esseri umani a prescindere dal loro grado di istruzione. Che essa sia una sensazione base, tuttavia, non significa che non abbia origine dall'interno, che non sia un'esperienza sensoriale della mente e della sensibilità. Come l'estetica psicologica e quella fisiologica hanno dimostrato, l'esperienza dello spazio nasce dentro di noi, eppure un dato ambiente produce lo stesso impatto sulla mente di tutti gli esseri umani, indipendentemente dalla loro istruzione e cultura.

Che un architetto sappia che tipo di spazio vuole progettare è importante anche per il processo creativo. Un architetto deve sapere che genere di ambiente realizzerà ancora prima di eseguire il primo disegno. La progettazione di un'esperienza dello spazio non va confusa con la ricerca di un'esperienza dello spazio. Trovare la giusta formulazione per un ambiente ottenendo l'esperienza dello spazio concepita dall'architetto nella sua mente può richiedere, è vero, più di un tentativo. Tuttavia, l'architetto che sa quali qualità l'ambiente dovrà avere non usa la progettazione come un mezzo per cercare una soluzione. Il suo modo di procedere consiste, al contrario, nella corretta attuazione dell'idea. L'architetto che, invece, non sa che qualità un ambiente debba avere farà della progettazione una sorta di ricerca, sperando di giungere infine a qualcosa di piacevole, ma senza essere veramente sicuro di che cosa possa trattarsi.

Questo approccio non è consigliabile. Sfortunatamente, questo tipo di ricerca è utilizzato in troppe scuole di architettura, dov'è presentato come un modo legittimo per progettare edifici. È una follia pensare che un architetto possa partire da schizzi più o meno precisi perché in qualche modo, per addizione, emerga un ambiente dal quale risulti infine un'esperienza dello spazio. Un metodo di lavoro del genere porterebbe solo a un modo quasi "animalesco" – o, per usare un termine più alla moda, "accidentale" – di concepire un'esperienza dello spazio. Quasi animalesco perché non equivale a molto più dell'imbattersi casualmente in ciò che offrono simili spazi non intenzionali. Di ambienti simili si potrebbe facilmente parlare come di ambienti "trovati" e, delle esperienze del loro spazio, come di esperienze "trovate". Il che è in contrasto con ambienti concepiti in base a un'idea e a un'intenzionale esperienza dello spazio.

Quando si parla di esperienza dello spazio non si può non menzionare, anche se brevemente, altri due aspetti degni di nota.

Innanzitutto, occorre rendersi conto che, come una sinfonia è composta da un certo numero di movimenti, un ambiente esiste in rapporto ad altri ambienti. Gli ambienti di un edificio, con i rapporti che intrattengono con gli altri ambienti dello stesso edificio, sono in effetti paragonabili ai movimenti di una sinfonia. Entrambi appartengono a un insieme più ampio, ma nello stesso tempo godono di una relativa indipendenza. Se di un edificio si occupa un ambiente, si tendono a ricordare anche gli altri spazi; si è portati insomma a costruire continue interrelazioni. Uno dei più importanti principi dell'architettura moderna riguarda il tentativo di creare una consonanza nella nostra mente quando immaginiamo interrelazioni fra ambienti; come in una sinfonia, per tornare all'analogia precedente, ci si sforza di fondere tutti i movimenti in un'unica composizione continua in modo da dare espressione alla totalità del brano. L'architettura non-referenziale non è ovviamente contraria all'obiettivo di giungere a un qualche tipo di interezza, unità o totalità *per se.* Tuttavia, non facciamo affidamento sulla consonanza per manifestare la totalità, perché sarebbe un modello insostenibile e troppo semplicistico per il mondo non-referenziale che oggi conosciamo. Anche se sappiamo che il mondo in quanto tale è un'entità unica, è difficile riunire sotto un'unica regola tutto ciò che nel nostro mondo è rappresentazionale, edifici compresi. Applicare tale visione, cioè che non tutto obbedisce a un'unica regola (ma non si confonda regola con idea), alla disciplina dell'architettura non è di alcun vantaggio, per la nostra esperienza dello spazio, se tutti gli ambienti sono soggetti a un sistema ordinatore strutturale che converge in una consonanza unificante. Se dovesse essere applicata la regola della consonanza unificante, le due sale del tempio di Mitla, di cui s'è parlato nell'introduzione, non potrebbero esistere.

Nell'architettura non-referenziale gli ambienti sono consapevolmente "isolati" gli uni dagli altri, di modo che la mente dell'abitante non possa giungere ad alcuna consonanza, o solo a una consonanza estremamente limitata. L'architettura non-referenziale non mira alla consonanza. Richiede invece un'interruzione – nel senso di "cesura" – fra un ambiente e l'altro. Una cesura è un'interruzione consapevole nel flusso di un'esperienza spaziale, una sorta di pausa che segna una precisa demarcazione tra una configurazione spaziale e l'altra. In contrasto con il paradigma della consonanza, in questo caso i cambiamenti nelle configurazioni degli ambienti non sono graduali, bensì bruschi. Tali cesure creano contraddizioni, ma esse vengono tenute a mente nel passare da un ambiente all'altro. In questi momenti l'esperienza dello spazio non è soltanto una "sensazione di pancia"; implica il ricordo di ciò che abbiamo già visto e sentito quando ci siamo accostati a un edificio e ne abbiamo percorso gli ambienti. Una tale esperienza dello spazio parla all'immaginazione creativa degli esseri umani in un modo che va al di là dell'incontro casuale ed esiste sempre soltanto nel momento presente. Una tale esperienza dello spazio favorisce la riflessione. Essa suggerisce all'abitante, anche se conosce bene un edificio, di ricreare e riorganizzare i propri "rituali di vita". Una tale esperienza dello spazio invita alla costruzione e ricostruzione della vita quotidiana anche più comune: delle abitudini e azioni quotidiane apparentemente più elementari e banali. Un simile invito a ricreare radicalmente la vita quotidiana in relazione all'esperienza dello spazio rende tali spazi non-referenziali, indipendenti da immagini, tradizioni, costumi e questioni morali. Si tratta di una ricostruzione base dei rituali della nostra vita e, in quanto tale, di una liberazione.

Parlando del secondo aspetto menzionato sopra, va detto che l'esperienza dello spazio non è solo indipendente da uno specifico materiale edilizio, ma è anche indipendente da immagini e da certe forme. È l'architetto che deve scegliere che tipo di esperienza dello spazio un dato ambiente debba procurare. Egli deve decidere, per esempio, se un ambiente debba essere introverso o estroverso, e simili qualità sono indipendenti dal materiale e dalla forma. Se un architetto vuole progettare un ambiente estroverso, può farlo servendosi di qualsiasi materiale e qualsiasi linguaggio architettonico. Riguardo all'esperienza dello spazio, quindi, la scelta del materiale in cui costruire è personale e spetta all'architetto. Ciò che deve tenere in considerazione è la sufficiente complessità dell'esperienza dello spazio, un obiettivo che può essere raggiunto tramite qualsiasi materiale anche se è utile che un ambiente, o meglio l'intero edificio, sia di un materiale predominante (per esempio acciaio, cemento armato o legno). Il fatto di definire, e di conseguenza limitare, i mezzi con cui si crea un ambiente o un edificio ha il vantaggio di accrescere la complessità dell'esperienza dello spazio.

Secondo principio: totalità

La totalità influisce sulla concezione dello spazio in architettura. Gli spazi esterni e interni degli edifici sono soggetti a un'"architettura della sottrazione". Il contrario è rappresentato dagli edifici i cui spazi sono il risultato di addizioni di forme geometriche. Creare una totalità, un tutto unico, tramite un modo di procedere compositivo-additivo è impossibile. Un intero, in altre parole, non può essere composto da parti. L'unico modo possibile per giungere a un intero è partire da un intero. Il concetto di totalità richiede che s'intenda l'edificio quale sistema. Questo sistema è asservito all'idea su cui si basa tale specifico edificio.

Per dimostrare che un edificio è un "tutto unico" si può suddividere l'architettura in due tipi. Esiste una concezione dello spazio che lo intende come unitario e poi lo divide fino a farlo funzionare quale edificio. L'altra concezione dello spazio parte dal nulla e compone un edificio tramite un'addizione di parti. La prima è un'"architettura della sottrazione", la seconda un'"architettura dell'addizione". Si tratta di due concezioni dello spazio fondamentalmente diverse e, inutile dirlo, esse non hanno eguale valore per l'architettura. Un tutto unico è permesso solo dalla prima. Inoltre, solo la prima soddisfa l'architettura non-referenziale. Finché la società ha condiviso una visione del mondo relativamente consolidata – finché, potremmo dire, abbiamo immaginato il nostro mondo originato da qualche sorta di centro – l'idea che un edificio richiedesse di essere concepito come un tutto unico non è sorta quale principio. L'esigenza di totalità – che non è necessariamente sinonimo di unità – è venuta in primo piano solo quando le vestigia dei valori sociali comuni hanno ceduto il passo a un mondo del tutto polivalente e non-referenziale. Se la concezione di un edificio come una totalità è stata sempre formalmente superiore a quella che implica un processo compositivo-additivo, prima dell'avvento del mondo non-referenziale non era assolutamente necessario che un edificio fosse un tutto unico: il contesto sociale al cui interno sorgevano gli edifici era abbastanza consolidato da fornire un ancoraggio. L'esistenza di un edificio poteva essere giustificata dalla sua semplice appartenenza a una o un'altra ideologia. Gli edifici, essendo in misura maggiore o minore espressioni referenziali dei valori comuni della società, avevano già nel mondo un posto assicurato. Le cose, tuttavia, non stanno più così. Oggi ogni edificio esiste per se stesso. Spazialmente e dal punto di vista ideazionale, oggi gli edifici non hanno altra possibilità che quella di essere concepiti come entità che includono tutto, ma aprono anche a illimitate possibilità: come totalità.

Che cosa significa affermare che gli edifici devono essere totalità e allo stesso tempo offrire anche illimitate possibilità? Quando diciamo che un edificio include tutto, facciamo riferimento al fatto che sotto il profilo formale esso è un tutto completamente organico, in cui ogni elemento è soggetto all'idea da cui l'edificio è governata. Tutto ciò che sperimentiamo fisicamente con i nostri sensi quando ci troviamo all'esterno e all'interno di un edificio – pareti, suoli, solai, aperture, materiale, struttura, cioè la sua forma – deve essere subordinato alla sua idea e soltanto a essa. Questo è uno degli aspetti che rendono un edificio un tutto unico. L'altro aspetto per cui un edificio è una totalità riguarda le sue possibilità a livello di produzione di senso. I due aspetti sono collegati in quanto, attraverso queste possibilità, la particolare esperienza dello spazio di una persona in un ambiente ne stimola la creatività. Tali possibilità implicano lo spazio. Un edificio è una totalità se esistono un rapporto fra gli ambienti fisici esistenti e la possibilità per il visitatore di espandersi nell'ambito metafisico.

Riguardo al fatto che un edificio debba coinvolgere le persone anche sul piano metafisico, nell'introduzione si è detto che gli edifici migliori attivano un dialogo fra il "qui" e il "là", tra l'"io" e l'"ignoto". In altre parole, promuovono un dialogo fra la presenza di un singolo essere umano che occupa un dato ambiente e il suo simultaneo appropriarsi dello spazio infinito che chiamiamo universo. Avendo duramente lottato, come società, per cancellare qualsiasi fondamento e firmamento che si frapponesse fra questi due poli, il compito di aiutarci a gettare un ponte tra i due mondi tocca, nel mondo non-referenziale, al nostro habitat immediato. Nel corso di tutti i cambiamenti che la nostra società ha subito, a rimanere immutato è il bisogno, per la nostra esistenza, di un riparo, non solo in senso fisico, ma anche metafisico. Martin Heidegger ha scritto che "l'opera apre un mondo". Nello stesso senso, quando diciamo che un edificio deve essere una totalità sottintendiamo che gli ambienti che un architetto progetta non si limitano a proteggere chi li abita dalla pioggia e dal sole, ma gli consentono anche di creare una casa per l'io nel mondo transitorio di tipo metafisico. Che idee del genere non siano esclusive dei filosofi è evidente dall'affermazione del pittore Barnett Newman: "La vita è fisica, ma è anche metafisica; solo chi comprende il 'meta' può comprendere il 'fisica'". Anche questo è compito degli architetti.

L'ambiente architettonico non è probabilmente solo la forma più ovvia di architettura: abitare una stanza è certamente fra le esperienze più elementari e anche più comuni degli esseri umani. La stanza c'è sempre stata. Le stanze devono il loro status eccezionale al fatto che quasi tutti vi abitano. E poiché quasi tutti abitano in stanze, è lì che l'architetto trova i limiti della concezione spaziale: la presenza simultanea dell'universo e dell'io. Concepire lo spazio in questo modo non è di per sé qualcosa di nuovo. Un'unità olistica è già implicita etimologicamente nel termine inglese per "stanza", *room.* Esso deriva dall'inglese antico *rum* che, non diversamente dal *Raum* tedesco, significa anche "spazio", *space.* Entrambi i termini, *room* e *Raum*, derivano dal latino *rus*, che indica l'"aperta campagna", in altre parole l'universo. Variazioni del rapporto fra *room*, "campo aperto", e l'atto di creare spazio sono presenti in molte altre lingue. Concepire una "stanza" per un edificio significa nello stesso tempo creare "spazio" per se stessi nel mondo. Concepire una stanza è allo stesso tempo l'atto tecnologico più elementare e l'atto originario per superare la nostra condizione metafisica di sentirci senza casa. Queste sono palesemente aspirazioni eterne dell'architettura. Ciò che è nuovo, rispetto a epoche precedenti, è che un edificio non può più essere un'immagine simbolica che delega il compito metafisico di connetterci con i cosiddetti "regni superiori" agli sforzi della religione, della politica e della scienza, per non parlare della fede, dell'etica e della logica. Tale delega era possibile fino a tempi molto recenti. Ma quegli intermediari hanno perduto il loro potere. Oggi sono gli ambienti stessi a dover stimolare la creatività di chi li abita. Se possono farlo, è perché l'esperienza dello spazio è una sensazione base precedente a ogni concettualizzazione. È questo l'incontestabile potere di ambienti definiti da pareti, pavimenti, soffitti, aperture. Tuttavia – e questo è il fondamento logico dell'estendersi del principio di totalità dal fisico al metafisico – un ambiente è anche uno stato mentale. È un luogo in cui si è soli con i propri pensieri. È uno spazio in cui si sta con se stessi.

Come si è già detto, esistono diverse concezioni dello spazio. La ricerca della totalità mette in discussione quella, prevalente, che vede nello spazio un assemblaggio additivo di parti. È stato già sottolineato come l'"architettura dell'addizione" rispecchi una concezione compositiva dello spazio. Inoltre, una simile concezione additiva-compositiva è geometrica nel senso più essenziale del termine: non solo per le forme architettoniche che compone, ma, al di là di questo, è geometrica nel senso che genera disgiunzioni, in una logica del pensare e dell'immaginare definibile dell'"aut-aut". In filosofia, e in generale nel nostro modo di intendere le cose, c'è una tradizione che vede in un concetto una sorta di classificatore che circoscrive tutte le entità cui un termine fa riferimento. "Bianco", per esempio, fa riferimento a tutte le possibili cose bianche; "tavolo" a tutti i tavoli possibili. Ma, in base a questa visione, tutto si riduce a una disgiunzione (si crea una sorta di confine): rispetto all'area circoscritta dal concetto, o si è dentro o si è fuori. Tale modo di vedere è geometrico nel senso più essenziale del termine. Induce non solo il metafisico, ma chiunque, a pensare che gli esterni e gli interni esistano in natura, mentre in realtà non è così. Si tratta, inoltre, di un *modus operandi* che lavora con parti quando invece esiste solo un tutto. La nostra conclusione è che una simile concezione della logica basata sulla geometria non si concilia nemmeno con una concezione dello spazio che mira alla totalità. Per inciso, va detto che tale concezione dello spazio è specifica e per nulla ovvia, nonostante il predominio raggiunto nella modernità da questo modo di ragionare geometrizzante e il fatto che molti, architetti compresi, non possano immaginare di concepire lo spazio in altro modo. Che concezioni dello spazio alternative siano sempre esistite, anche quando sembrava non potessero essercene, è dimostrato da alcuni dei grandi capolavori dell'architettura che non sono riconducibili a una logica geometrizzante. Basti pensare agli edifici di Francesco Borromini e, naturalmente, all'intera opera di Ludwig Mies van der Rohe. L'architettura di questi due architetti ha poco a che vedere con la geometria. Se analizziamo, per esempio, il Padiglione tedesco di Mies van der Rohe a Barcellona alla ricerca di principi compositivi con una mentalità geometrizzante non impareremo nulla di sostanziale: l'intero edificio presenta infatti contraddizioni non soggette a quella logica e alla concezione dello spazio a essa associata.

Che il mondo non-referenziale richieda un approccio diverso alla concezione dello spazio non è quindi qualcosa di interamente campato per aria. Una delle prime sfide si connetteva all'approccio filosofico della fenomenologia. Il discorso fenomenologico in architettura riteneva il modernismo ortodosso responsabile di un'organizzazione dello spazio architettonico che conduceva a una "perdita dell'essere" e vi contrapponeva una "geometria abitabile". Tale sfida all'ortodossia implicava che gli spazi degli edifici dovessero essere basati su esperienze che stimolano direttamente piuttosto che su razionalizzazioni astratte come le disgiunzioni geometrizzanti, che tendono a essere percepite come aliene dai loro abitanti. Essendo difficile trarre da una simile critica delle linee guida per la pratica, spesso gli architetti hanno inteso la fenomenologia architettonica semplicemente come un rimedio contro la presunta "freddezza" dell'architettura funzionalista, così incline all'utilità e all'efficienza. La loro reazione è consistita in un approccio sedicente fenomenologico che invitava alla tattilità. Anche se questa è stata una risposta parziale al fatto che la reazione soggettiva alla presenza oggettiva dello spazio architettonico è una sensazione base che esiste prima di ogni categoria analitica, gli edifici sono stati sempre più spesso concepiti come assemblaggi di materiali di vario genere – sorta di collage tridimensionali – costituiti da storie e narrazioni temporanee cucite insieme nel tentativo di superare l'apparente uniformità ed esclusività dell'architettura moderna.

Successivamente è stata avanzata un'altra tesi, secondo la quale il nostro mondo contemporaneo richiedeva un metodo in cui potessero coesistere significati contraddittori – un modello di pensiero divenuto noto come "decostruttivismo" – e che rispondesse al modo sempre più fluido e meno consolidato di vedere le cose che compongono il nostro mondo. A farsi portavoce di un discorso su ciò che questa tesi potesse implicare per l'architettura è stato Peter Eisenman. Per lui la forma architettonica esigeva una completa sostituzione della semantica con la sintassi, che ci consentisse di percepire la forma semplicemente all'interno di una matrice di differenze.

Da quando il decostruttivismo è entrato nel nostro discorso è passato mezzo secolo, e le sue scoperte sono state in gran parte assimilate dalla società, anche se per lo più inconsapevolmente. Il decostruttivismo ha influenzato enormemente il nostro odierno mondo non-referenziale. Per quanto riguarda la concezione spaziale in architettura, tuttavia, anch'esso ha avuto scarso successo. Benché le scoperte del decostruttivismo dimostrassero che il nostro modo di concepire lo spazio si basa troppo su riduzioni inappropriate, i suoi esponenti in architettura non hanno cercato in ultima istanza la totalità che la teoria decostruttivista suggeriva. Di fatto, nella concezione dello spazio, il decostruttivismo è rimasto ostinatamente fedele a modelli geometrizzanti, malgrado i grandi sforzi per spostare e sovrapporre gli spazi ricorrendo a operazioni a volte deformanti. Sul perché le cose siano andate così si può avanzare più di un'ipotesi. A ostacolare una svolta potrebbe essere stato proprio il fascino dei nuovi strumenti e apparecchi, vale a dire la possibilità, grazie alle nuove applicazioni informatiche resesi disponibili, di modellare superfici curve tridimensionali mediante calcoli vettoriali. Per quanto i suoi fautori fossero inclini a ritenere che il decostruttivismo richiedesse di affrontare lo spazio in modo diverso, i loro esperimenti didattici in architettura mettevano l'accento sulla rottura della totalità piuttosto che sulla totalità in sé. Tuttavia, come testimonia la corrente generale del mondo polivalente e non-referenziale, le teorie architettoniche, pur provenienti da poli apparentemente opposti come la fenomenologia e il decostruttivismo, hanno mirato in definitiva alla stessa cosa: la fine di quella riduzione dell'esperienza dello spazio insita in un sistema geometrizzante che opera stabilendo disgiunzioni "aut-aut". L'avvento di un mondo pienamente polivalente e non-referenziale, tuttavia, ha mutato radicalmente la situazione: in architettura la fenomenologia e il decostruttivismo si concentravano sul significato. L'architettura non-referenziale, invece, del significato non si occupa perché il suo interesse va alle possibilità.

Che sia spazialmente concepito come un tutto unico ha, per il modo di esistere di un edificio, conseguenze estremamente dirette a tutti i livelli, compresi la sua forma, la sua struttura e il materiale con cui è costruito. Sopra ogni altra cosa, nell'architettura non-referenziale un edificio esiste per se stesso: "sorge" nel mondo, si potrebbe dire. Non è più l'esemplificazione di un ideale. È una svolta a centottanta gradi: gli spazi degli edifici strutturano nel modo più basilare le nostre vite e, quindi, il nostro mondo. Di conseguenza nell'architettura non-referenziale gli edifici, non potendo fare affidamento su significati non architettonici, tendono anche a diventare degli assoluti. È questo il motivo per cui un edificio richiede in primo luogo un'idea. È l'idea a renderlo, in termini di presenza fisica, un tutto unico, una totalità. Ogni cosa in esso è subordinata a quell'unica idea dominante. Per dirla nei termini più semplici, un edificio è costruito come una cosa unica e come tale appare; è idealmente privo di giunti costruttivi, di singole parti, ed è fatto di un unico materiale. Vedere un edificio come un tutto unico lo libera formalmente, materialmente e strutturalmente dalle connotazioni semantiche prestabilite che siamo soliti assegnare a edifici e ambienti. All'improvviso domande che sono più di carattere puramente funzionale o costruttivo quali "qual è il dentro?", "qual è il fuori?", "qual è l'alto?" e "qual è il basso?" diventano per gli architetti fondamentali e dense di sfide. Queste domande sugli edifici e sui loro ambienti e su come essi sono strutturati gettano le fondamenta di qualcosa di nuovo, libero da riferimenti, immagini e simboli: in altre parole, non-referenziale.

Concepire gli spazi in questo modo ha, fra le sue implicazioni, la liberazione dall'architettura basata sullo stile. Per esempio, la tradizionale tripartizione della facciata in basamento, corpo centrale e fregio, o i diversi gradi della bugnatura sono trattati come reliquie di quella che è oggi una teoria dell'ornamentazione basata su connotazioni semantiche defunte. Che un edificio sia un tutto unico o meno è determinato piuttosto dal modo in cui sono costruiti pareti e solai. Perché un edificio non sembri un collage, non va messo l'accento sull'espressione di elementi strutturali che creano confini e soglie. Le pareti non sono altro che una struttura che s'innalza nello spazio come un sorta di cornice ideale. Anche se questa concezione di pareti e solai non prescrive in termini assoluti che entrambe le facce di questi elementi strutturali siano identiche, l'ideale è che lo siano. Inoltre, conferire a tutti i solai e le pareti lo stesso spessore esalta il carattere di tutto unico di un edificio. Ciò che vale per l'aspetto delle pareti vale anche in verticale: se i piani hanno la stessa altezza, l'edificio è percepito come un tutto unico e non come un accatastarsi di singoli piani. Quando le altezze degli ambienti del pianterreno e del sottotetto sono diverse da quelle degli altri piani, un edificio appare come costituito da parti. Inoltre una diversità d'altezza degli ambienti non è auspicabile anche perché attesterebbe che l'edificio è stato concepito sulla base della sua funzionalità, non di un'idea formale più generale.

Ideali compositivi e teorie dell'ornamentazione di vecchia data, come il cosiddetto ordine classico o la teoria della tettonica, sono ormai obsoleti. Il modo in cui gli ambienti vengono costruiti non va più finalizzato alla particolare espressione di un linguaggio architettonico basato su riferimenti, immagini e simboli. In primo piano va posta la presenza dell'edificio a livello puramente fisico. Ciò che vale per la liberazione dalle connotazioni semantiche prestabilite dell'ordine classico o della tettonica si applica anche all'uso dei materiali edilizi. L'obiettivo di edifici che siano un tutto unico tende a liberare l'architetto anche a livello di materiali e tecniche di costruzione. Lo libera per esempio dal presupposto che certi materiali vadano usati all'interno e altri all'esterno. A simili presupposti non mancano, è chiaro, buone ragioni pratiche, basate sulle specifiche proprietà di questo o quel materiale. Non si tratta tuttavia di vincoli così imperativi come si potrebbe pensare, né considerarli tali è di particolare vantaggio per edifici cui è richiesto di entrare in risonanza con gli abitanti del nostro mondo non-referenziale. La maggior parte dei materiali e dei metodi di costruzione può essere utilizzata in molti più modi di quanto si faccia abitualmente. La pratica abituale nella costruzione di pareti, solai e tetti si basa su tradizioni semantiche almeno, se non di più, di quanto si fondi su vincoli tecnici. Come s'è già affermato, è la sostituzione negli edifici del semantico con il sintattico a offrire agli abitanti del mondo non-referenziale la libertà per concepire in essi i propri pensieri.

Terzo principio: novità

Solo un edificio che sia nuovo, che incarni una qualità che per una persona è senza precedenti, ha il potere di stimolare le sue facoltà immaginative e accattivarla. L'architettura, ne siamo assolutamente convinti, deve cercare la novità. Per novità intendiamo qui qualcosa che abbia un carattere di innovazione e costituisca così un'esperienza conoscitiva di fondo a livello architettonico formale.

Se un edificio è ben concepito, costruito con grande competenza e abilità e in aggiunta è anche tecnologicamente molto innovativo, ma non ha nulla di nuovo, va considerato come "di mestiere". Un'opera "di mestiere", anche se fatta a regola d'arte, non è sufficiente per adempiere al compito sociale ultimo dell'architettura: coinvolgere le persone in un dialogo e un discorso e incoraggiarne la creatività.

Nel mondo non-referenziale, che un edificio coinvolga senza avere qualcosa di nuovo è impossibile. In questo le cose non stanno diversamente che nel passato. La novità è sempre stata importante in architettura. Gli edifici che stimolano l'immaginazione hanno sempre qualcosa di nuovo. Ma se in architettura la novità è sempre stata auspicabile, nel nostro mondo non-referenziale la domanda di novità è diventata molto più pressante. Il motivo è che in un mondo non-referenziale gli edifici non hanno altra possibilità che esistere in modo indipendente, per se stessi. Indipendenza non significa che un edificio è un oggetto solitario, ma che influenza il nostro modo di vivere e la nostra qualità

di vita. Oggi un edificio deve esistere autonomamente perché non può contare su alcuna ideologia
in un'epoca in cui le ideologie non sono più credibili e quindi mancano di ogni potere coesivo.
Perciò, oggi più che mai, un edificio deve essere in
grado di esistere in modo indipendente, e questo
richiede la presenza di una certa novità. È grazie
a questa novità che diventa libero e indipendente.
È tramite questa novità che coinvolge le persone.
Ed è ancora tramite la sua novità che ha il potere
di modificare le aspettative e i punti di vista delle
persone e quindi di cambiarne la vita.

Novità non è sinonimo di progresso. Il suo compito
non è un avanzamento o un miglioramento nel senso di uno sviluppo di qualche genere, tecnologico
o altro. Nel senso che intendiamo qui, può essere
nuovo anche un edificio fatto di pietre sovrapposte
e nient'altro. In mancanza di termini migliori per
definirla architettonicamente, si potrebbe dire che
la novità ha una dimensione epistemologica. Essa
è una componente fondamentale se si vuole che
l'architettura coinvolga la gente. Infine, la novità è
per noi di importanza ontologica.

Nonostante l'innegabile importanza della novità
per l'architettura, un gran numero di nuovi edifici
trova giustificazione unicamente nell'appartenenza
a un'ideologia. Molti di essi vengono decantati dai
critici dell'architettura perché corrispondono a
certe ideologie o cosiddette "scuole di pensiero". In
università, riviste di architettura e altri forum è ancora fortemente praticato un proselitismo tendente a promuovere uno specifico tipo di architettura

in linea con modelli ideologici. È una situazione insostenibile in un mondo non-referenziale, in cui dall'adesione a questa o quella ideologia non si può derivare alcun significato. Piuttosto che attribuire un grande valore a un edificio perché soddisfa aspettative prescritte e predeterminate, le persone sono toccate dalla novità a un livello creativo che è fondamentale e precede qualsiasi legittimazione critica.

La missione e il ruolo sociali dell'architettura – stimolare la creatività – sono la ragione ultima per la quale occorre che gli edifici presentino caratteri di novità. La novità, insomma, svolge in architettura un compito specifico. È ciò che stimola chi osserva un edificio a entrare in dialogo con esso, e quindi con il mondo. In mancanza di novità, dall'edificio gli osservatori distoglieranno lo sguardo, come fanno di fronte a tutti gli edifici che non hanno nulla che li coinvolga.

La responsabilità di progettare qualcosa che mostri qualche carattere di novità spetta, ancora una volta, all'architetto. A dare forma alla novità è lui: un compito non facile. Il momento in cui si cimenta con una tesi che richiede un certo grado di novità è, per un architetto, un momento "filosofico". In altre parole, tramite gli edifici gli architetti formulano una tesi sul rapporto dell'uomo con il mondo. Questa tesi, se così vogliamo chiamarla, deve essere nuova. Purtroppo in architettura la novità è spesso spregiativamente associata alla moda. Con quest'ultima, tuttavia, essa ha ben poco a che fare. Bisogna rendersi conto che non è possibile lavorare su una tesi di cui ci si è già occupati a sufficienza. Non diversamente dai filosofi e dalla filosofia o dai fisici e dalla fisica, architetti e architettura hanno bisogno del continuo rinnovamento e ampliamento delle loro tesi per portare avanti la ricerca sui limiti della loro disciplina. È la novità a rendere la filosofia, la fisica e l'architettura – per limitarsi a questi tre esempi – creative e quindi anche rilevanti. La ricerca creativa termina non appena l'architetto cessa di cercare la novità. A questo punto potrebbe anche smettere del tutto di lavorare. Il compito di progettare edifici che non hanno nulla di nuovo e quindi non sono molto più che ripari utilitari e nel migliore dei casi opere di buon artigianato, può essere delegato agli architetti che s'accontentano di svolgere un ruolo simile a quello del fornitore di servizi o dell'artigiano; altrimenti, la realizzazione di edifici può essere delegata interamente ai costruttori. Se alla novità si rinuncia, non c'è alcun bisogno di un architetto. Una tesi deve insomma portare alla ribalta qualcosa di nuovo: un pensiero, un'idea. Senza un pensiero o un'idea che abbiano qualche carattere di novità non si può realizzare granché. La novità consente una sorta di "guardare avanti"; ed è proprio confrontandosi con qualcosa di nuovo che gli esseri umani vengono stimolati alla creatività. In questo senso la novità promuove un momento positivo, una sorta di ispirazione, ed è tale costituzione mentale del nuovo a consentire agli osservatori – non solo agli architetti, ma a chiunque – di essere creativi. Nell'imbattersi in edifici costruiti con tali presupposti ognuno avverte questa ispirazione creativa.

Sulla novità c'è da dire qualcos'altro. In primo luogo si deve distinguerla dalla tendenza oggi popolare del *lifestyle*, che di un certo tipo di novità ha fatto la sua bandiera. La novità di cui parliamo in queste pagine esclude l'intero spettro della tendenza *lifestyle* diventata popolare sotto il titolo generale di *wellness*, che include anche incessanti visite a gallerie d'arte, musei e sale da concerto oltre ad altre esperienze di acculturazione fatte proprie dal *Bildungsbürgertum*, la borghesia istruita. Quando qui si evoca la novità, non è per invitare ad assoggettarsi a simili esperienze *lifestyle*, bensì a cercare novità di tipo ontologico, concernenti profonde domande esistenziali sul nostro posto nel mondo. È una distinzione molto importante. Il concetto di novità del movimento *lifestyle* è un prodotto di marketing. Si tratta di una tecnica di cui l'architettura si è appropriata relativamente di recente e grazie al cui contributo l'architettura degli ultimi decenni ha acquisito popolarità e giustificato il proprio diritto all'esistenza e alla considerazione. Il tipo di novità che viene ricercato nel *lifestyle* imperniato sul rinnovamento e sul ringiovanimento appartiene all'ambito dell'intrattenimento. Non ha nulla in comune con la capacità di trascendere radicalmente le aspettative e il punto di vista esistenziali delle persone offrendo loro un nuovo quadro di riferimento per la creazione di senso.

Un punto importante, per la novità, è anche il suo tempismo. Il problema è quanto possa essere innovativo un edificio in un dato momento perché la gente ne venga coinvolta in modo creativo. La novità non è qualcosa fuori dal tempo. Indicativa del vago e difficile ruolo della novità nel modo di recepire l'architettura, non solo all'interno della nostra professione ma anche nel mondo in generale, è l'accoglienza ricevuta dalle opere di due architetti. È interessante notare come l'opera di Frank Gehry sia stata recepita ben diversamente da quella di Antoni Gaudí. Quella di Gaudí fu considerata ai suoi tempi bizzarra. Invece, nonostante tutte le discussioni sui meriti dell'architettura di Gehry, la sua opera non è mai stata etichettata come ingenua e bizzarra, né del resto come particolarmente alla moda. Il suo contributo è sempre stato ritenuto qualcosa di serio e significativo per la società. Ora, il giudizio sull'architettura di Gaudí può suonare estremamente ingiusto, perché essa non è certamente priva di valore. Si potrebbe forse sostenere che la buona accoglienza riservata all'architettura di Gehry, a confronto del rifiuto cui è andata in gran parte incontro a suo tempo quella di Gaudí, dica qualcosa sul mondo in cui viviamo oggi. Comunque sia, la conclusione da trarre qui è che, per potere valutare il grado di novità capace di coinvolgere la gente stimolandone l'immaginazione, è di fondamentale importanza per l'architetto capire le tendenze sociali dominanti nel mondo in cui opera.

Da un lato, l'accettazione dell'opera di Gehry e il rifiuto di quella è Gaudí possono essere spiegati solo dalla crescente eterogeneità della nostra società. Gli edifici dell'architetto catalano, se venissero costruiti ora, verrebbero anch'essi ammirati. Basti pensare alla moltitudine di visitatori che oggi fanno la coda a Barcellona per vederli. Certo, l'attuale popolarità di Gaudí ha poco a che fare con un discorso più serio che la sua opera meriterebbe e, purtroppo, tutto a che fare con il movimento *lifestyle* di cui abbiamo parlato. Non è colpa di Gaudí, tuttavia, se la nostra società dominata dai media è affascinata dalle immagini ma non mostra alcun interesse a discutere come queste immagini influenzino la gente.

Dall'altro lato – e questo è più importante per il principio di cui stiamo parlando, la novità – il fatto che gli edifici di Gehry abbiano suscitato reazioni ammirate non appena costruiti fa pensare che l'architetto canadese avesse una consapevolezza eccezionalmente acuta del grado di novità che le persone del suo tempo sarebbero state in grado di assorbire con le proprie facoltà immaginative per poi farne uso per affrontare i propri interrogativi esistenziali. Lo stesso non si potrebbe dire di Gaudí. La maggior parte degli osservatori era disorientata dai suoi edifici e li giudicava stravaganti. Al tempo della loro costruzione, i suoi edifici non "parlavano" alle maggiori correnti sociali. Si può allora giungere alla conclusione che un architetto deve essere molto perspicace e sapere fino a che punto può sfidare la sensibilità dei suoi contemporanei affinché siano ancora in grado di venire creativamente coinvolti dai suoi edifici. È molto probabile che, se fosse stata progettata all'epoca di Gaudí, sarebbe stata bollata come bizzarra anche l'opera di Gehry. Oggi, invece, le sue singolari formulazioni architettoniche sono accettate. Che egli sia stato capace di giudicare correttamente il suo tempo e che il suo lavoro non sia stato tacciato di bizzarria e assurdità dimostra senza mezzi termini la sua capacità di percepire le correnti emergenti nella società e di sentire con il proprio fiuto, non diversamente dal segugio cui s'è accennato all'inizio, fino a che punto dovesse spingersi per produrre qualcosa di nuovo. Tale capacità è probabilmente la competenza sociale più difficile richiesta a un architetto.

Ciò che più conta, parlando di novità, è insomma la capacità dell'architetto di riconoscere le sensibilità della società: soltanto così potrà concepire un edificio che presenti la giusta dose di novità.

L'architettura non deve mai essere bizzarra, né è auspicabile che la gente inizi ad associare un edificio al bizzarro. Stabilire dove esattamente si situi in un dato momento il confine da non oltrepassare è, per gli architetti, un compito importante e difficile. È un confine che si sposta continuamente e, per coglierlo, è necessario che l'architetto possieda un'acuta consapevolezza del mondo che lo circonda. Se non lo conosce molto bene, non potrà essere creativo nell'introdurre le sue novità. È inutile dire che il nostro mondo non-referenziale, in cui agli architetti vengono fornite scarsissime indicazioni su cosa fare, rende l'esigenza di novità ancora più difficile da soddisfare. Ma è questo il compito degli architetti e, quindi, essi non hanno altra scelta che porsi in sintonia con le correnti del mondo; devono essere dei segugi e realizzare edifici con caratteri di novità appena prima che le loro formulazioni architettoniche risultino accettabili a un segmento piuttosto ampio della società. Una volta accolte e assimilate dalla maggioranza, queste formulazioni hanno già perso infatti il loro potere epistemologico di stimolare le persone nella loro creatività: un processo oggi accelerato dalla comunicazione digitale, che consente a tutti di vedere tutto all'istante. Questa attitudine a conoscere il proprio mondo, fatta di sensibilità ed estremo equilibrio, è la ragione principale per cui la società ha bisogno di architetti e per cui trae vantaggio dal disporre di architetti. Si può di conseguenza affermare che la capacità di definire la novità dal punto di vista architettonico è il principale compito sociale dell'architetto.

C'è un altro punto importante da sottolineare, riguardo alla novità. Nel chiedere novità, ci si può interrogare su dove essa dovrebbe avere origine. La risposta è: la novità in architettura viene dall'architettura stessa. Anche se è ovviamente possibile che l'architettura e gli edifici siano influenzati da ogni genere di elementi estranei all'architettura, tali fonti d'ispirazione dovrebbero venire adattate all'ambito architettonico il più rapidamente possibile. La novità in architettura deve esprimersi in termini formali, non storici o simbolici. In altre parole, in un edificio la novità non può esprimersi per analogia. Essa è formale per il fatto di manifestarsi nel modo fisico in cui un edificio esiste nel mondo – nella sua forma, nei suoi spazi, nella sua struttura, nel suo materiale, nella sua costruzione – e per il modo in cui tale costellazione formale viene recepita dalle persone. La novità, negli edifici, è recepita attraverso un'esperienza dello spazio assolutamente di base, non attraverso una spiegazione intellettuale.

Per chi si trova di fronte a un edificio o al suo interno, quindi, il nuovo non deve presentarsi come un'aggiunta importata da ambiti non architettonici. La novità deve esprimersi nell'esperienza dello spazio in tutte le sue possibilità mentali e corporee, senza ricorrere alla deviazione di innestare temi non architettonici astratti e intellettualizzanti su edifici appartenenti alle sfere del simbolico o dello storico. La cosa migliore è che un edificio sia architettura pura, ma, se proprio si vuole ricorrere alla pericolosa deviazione che porta all'esterno dell'architettura, è necessario che ogni influenza non architettonica sia integrata in ciò che è sostanzialmente architettonico: nel regno del formale, nelle proprietà fisiche di un edificio come esso esiste nel mondo.

Sarebbe una strategia folle imboccare una strada che porta al di fuori dell'architettura e costruire edifici importandovi elementi non architettonici estranei, per quanto significativi possano essere nei campi da cui provengono, che siano la matematica, la sociologia, la politica, l'arte e tanti altri. È facile immaginare come la possibilità di importazioni più o meno significative sia infinita, ma simili "tematizzazioni" non architettoniche, usate nell'ambito di un edificio, tendono a essere banali e alquanto noiose. Esse non espandono quasi mai i confini dell'architettura e ancora meno spesso sono belle. Gli edifici realizzati ricorrendo a "tematizzazioni" non architettoniche rimangono episodici nella disciplina dell'architettura. È solo se sono rese pienamente architettoniche – cioè se diventano pienamente formali – che tali "tematizzazioni" importate si prestano a ulteriori trasformazioni a opera della sensibilità e della creatività delle persone. In definitiva, la novità in architettura non ha bisogno di temi non architettonici, ma nasce dall'architettura stessa.

Un ultimo aspetto della novità da non dimenticare è che essa richiede un autore. Affinché la novità si manifesti, è necessario qualcuno che la origini. Senza un autore, non ci sarebbe novità. E se la novità, per venire al mondo, esige un autore, è altrettanto vero che l'architetto, per giungere a padroneggiare l'architettura, esige la novità: è solo creando qualcosa di nuovo che può davvero dimostrare la sua bravura. Anche in questo caso possiamo dire: senza novità, anche l'opera d'architettura meglio costruita qualificherà il suo creatore come tecnico, ma non come architetto.

Quarto principio: costruzione

Gli edifici traggono vantaggio dal fatto di essere costruiti in un unico materiale, perché allora rivelano la propria intenzione formale senza possibilità di equivoci. Tale affermazione si basa su tre considerazioni: primo, un edificio fatto di un solo materiale è, in tutti i sensi del termine, ideazionale; secondo, quando un edificio è basato su un'idea è compito dell'architetto decidere in che materiale debba essere costruito; terzo, tale materiale definisce le qualità formali dell'edificio.

In passato gli edifici erano per lo più di un solo materiale, in genere pietra o legno. Oggi si sostiene spesso che complesse esigenze tecniche, ambientali e giuridiche rendono impraticabile costruire in un unico materiale. Eppure, è dimostrato che innalzare edifici anche tecnicamente molto complessi utilizzando un solo materiale è ancora possibile.

Quando si guarda un edificio antico come, per esempio, la cattedrale di Ruvo di Puglia, si vede un edificio sostanzialmente in pietra. Esso include anche altri materiali, come il legno delle porte, un po' di vetro e la terracotta delle tegole che ricoprono il tetto. Tuttavia, si tratta di un edificio realizzato essenzialmente in un unico materiale. L'abbazia di Le Thoronet testimonia, quanto a materiali, una tavolozza altrettanto stringata: persino il tetto, lì, è della stessa pietra dei muri e dei pavimenti. Un uso dei materiali simile, ma ancora più radicalmente sobrio, è visibile a Fatehpur Sikri, una città dell'Uttar Pradesh, in India. Questi esempi vogliono mostrare che cosa si intende per edificio costruito in un solo materiale. In tutti gli edifici menzionati sono presenti, sì, altri materiali, ma più che altro per le aperture. Se si escludono i materiali utilizzati per queste ultime, si tratta di edifici costruiti interamente in un unico materiale.

La ragione per cui è auspicabile che un edificio venga costruito in un solo materiale è, tuttavia, nuova. Costruire un edificio in questo modo contribuisce a creare una sorta di effetto di straniamento che, a sua volta, ne rafforza l'aspetto di frutto di un'idea architettonica. Inoltre, costruire un edificio servendosi di un unico materiale contribuisce alla sua non-referenzialità, perché lo libera da tutta la serie di associazioni, immagini e attributi semantici che tendiamo a leggervi semplicemente perché con essi abbiamo familiarità. Facciamo un esempio: se la facciata della cattedrale di Ruvo, vale a dire colonne, portali, fregi, ornamenti e tutto il resto, non fosse stata costruita in un solo materiale, l'idea architettonica dell'edificio – in questo caso di un enorme peso che spinge verso il suolo mentre, all'interno, s'innalza un ambiente immenso – non sarebbe comprensibile. Se la cattedrale fosse di materiali diversi percepirne e comprenderne l'idea di pesantezza all'esterno e ampiezza all'interno sarebbe impossibile: da più materiali, infatti, tale idea risulterebbe differenziata e dissolta.

Ancora più lampante è l'esempio di Fatehpur Sikri: che tutti i suoi edifici – ognuno diverso dall'altro – siano della medesima pietra rossa sottolinea l'idea dell'unità del molteplice. L'effetto di straniamento porta in primo piano nella nostra percezione l'idea dell'edificio. Il vincolo costituito dal limitarsi a un unico materiale produce quindi, di fatto, una maggiore libertà. Nel caso di Fatehpur Sikri, per esempio, l'effetto di straniamento generato dall'uso di un singolo materiale consente agli edifici di diventare opere formali, sminuendo consapevolmente l'importanza delle proprietà del materiale e della costruzione. Ed è soltanto nel regno del formale che un essere umano può pensare e immaginare liberamente. Il motivo per cui è preferibile che un edificio sia costruito in un solo materiale è quindi, principalmente, di natura epistemologica. Liberare un edificio da connotazioni semantiche in modo che le persone possano occuparlo liberamente e concepirvi liberamente i loro pensieri è particolarmente necessario nel nostro mondo nonreferenziale. Inoltre, proprio perché i materiali hanno proprietà diverse, la fedeltà a un singolo materiale rende un edificio più coerente strutturalmente e costruttivamente.

Quella di costruire un edificio servendosi di un materiale o di un altro è una scelta che dipende in definitiva dall'architetto: fra idea e materiale, infatti, non esiste un rapporto causale nello stesso senso in cui esiste fra idea e ordine. È importante, tuttavia, che la scelta del materiale da parte dell'architetto derivi sempre dall'idea per l'edificio! Decidere in che materiale principale costruire un edificio non è diverso dallo scegliere in che lingua raccontare una storia o scrivere un testo.

Spesso è possibile scrivere lo stesso testo o raccontare la stessa storia in più lingue. La lingua scelta, però, cambia il testo. Lo stesso vale per gli edifici. È possibile, per esempio, costruire uno spazio introverso o uno estroverso in acciaio, cemento armato o legno, ma, inutile dirlo, questi spazi avrebbero tutti un aspetto diverso. E diverso sarebbe anche il loro concetto strutturale. Così come l'architetto è libero di scegliere il proprio linguaggio, è anche suo compito decidere in quale materiale costruire, materiale che diverrà la base delle qualità formali dell'edificio. Non è che un'idea debba sempre essere realizzata in un solo e medesimo materiale. Se l'idea, per esempio, è quella di realizzare un giardino cintato, essa può essere espressa in vari materiali. La scelta dell'architetto è tuttavia limitata: a guidarla, infatti, è la necessità che il materiale consenta di veicolare l'idea che sta alla base dell'edificio.

Il calcestruzzo, per esempio, ha la caratteristica di essere un "materiale da getto". Non avrebbe senso quindi ricorrere alla gettata in calcestruzzo nel caso di un edificio la cui idea richieda una forma modulare (composita). Produrre qualcosa di modulare è proprio, invece, della natura del mattone, che non è altro che un piccolo modulo, per lo più rettangolare. Sarebbe quindi assurdo, per esempio, costruire in mattoni una forma ondulata irregolare. Se in qualche misura, insomma, decidere il materiale da impiegare per un edificio è una scelta personale dell'architetto, sarebbe un errore ritenerla del tutto libera. Un'idea, si potrebbe quindi dire, non solo richiede un materiale, ma anche di venire concretizzata in un materiale specifico. Oltre a non essere completamente personale, inoltre, la scelta di un materiale non è principalmente frutto, com'è ovvio, di considerazioni tecniche ed economiche. Essa, è importante notarlo, è limitata anche dalle dimensioni di un edificio.

Ma più che mettere l'accento sulla scelta di un materiale o di un altro, quello che è importante sottolineare è la necessità di una decisione consapevole. La scelta di un materiale, occorre ribadirlo, deve essere al massimo grado conseguente. Se un architetto dichiara di concepire un certo edificio in legno, acciaio o cemento armato, questo deve significare qualcosa. In altre parole, se un architetto decide, per esempio, che un edificio verrà costruito in legno, occorre che esso sia fondamentalmente costruito in quel materiale e sfrutti le possibilità intrinseche del legno in tutte le sue caratteristiche. È un segno di grave grossolanità dichiarare di legno un edificio i cui giunti, per esempio, sono di metallo. In questo caso non si tratta più di un edificio in legno: le proprietà materiali del legno, infatti, sono state sostituite da quelle del metallo proprio nella parte della struttura cruciale per fare di un edificio un edificio in legno. Il risultato è che un edificio diventa un mero assemblaggio di materiali, con la perdita dell'effetto di straniamento desiderato e l'incapacità di realizzare l'obiettivo di rendere l'edificio una struttura formale liberata.

Ancora peggio è che manchi completamente una dichiarazione di intenti sul materiale in cui costruire.

La presenza in un edificio di più materiali senza che fra essi ne sia riconoscibile uno principale, si potrebbe anche dire, testimonia dell'assenza di un'idea per l'edificio e costituisce la prova più diretta della sua insensatezza. Se non si decide per un determinato materiale, il risultato è di solito un edificio in più materiali che competono fra loro. In questo caso le proprietà specifiche dei diversi materiali "si scontrano" neutralizzandosi a vicenda. Ottenere un insieme formale coerente servendosi di un cocktail di materiali è quasi impossibile. In alcuni casi, com'è noto, si ricorre ad assemblaggi di materiali diversi, che fanno assomigliare un edificio a uno showroom di materiali edilizi, allo scopo di esprimere concetti quali "multiculturalismo", "democrazia" o altri importati da ambiti estranei all'architettura. Un simile approccio, inutile dirlo, è problematico.

Un edificio privo della necessaria coerenza a livello costruttivo e del materiale diventa un'accozzaglia senza identità perché dà l'impressione che tutto sia possibile. In esso i materiali, con le loro proprietà intrinseche, sono in concorrenza l'uno con l'altro. Non sarebbe molto esagerato dire che, meno l'architetto è chiaro riguardo alle sue intenzioni, alla sua idea di edificio, più materiali utilizzerà. A tale giudizio si può aggiungere che, nella maggior parte dei casi, unioni di materiali e passaggi da un materiale a un altro sono dovuti o all'assenza di un'idea coerente per l'edificio o al fatto che l'architetto manca della capacità e delle conoscenze necessarie, a livello di materiali, per costruire con esattezza. In questo caso il miscuglio di materiali è semplicemente una dimostrazione della sua mancanza di competenza sul piano della progettazione tecnica.

Essendo questo un libro destinato principalmente agli architetti professionisti, non è fuori luogo osservare che l'architetto deve essere capace di realizzare ciò che concepisce. Troppo spesso è più o meno esentato dai compiti di costruire e sovrintendere ai lavori per la realizzazione di un edificio. Con il termine "costruire" ci riferiamo all'elaborazione tecnica del progetto precedente all'apertura del cantiere, e, parlando di "sovrintendere" ai lavori, alla supervisione a opera dell'architetto del lavoro dell'imprenditore edile, degli artigiani e dei tecnici. Un architetto che della scienza edilizia abbia solo una conoscenza tecnica rudimentale è destinato al fallimento. Egli deve essere un grande esperto, dotato di cognizioni tecniche nel campo dell'edilizia tali da consentirgli di essere sino in fondo padrone del modo di mettere in atto e realizzare un'idea di edificio. Ciò che è necessario, a questo riguardo, non è solo una conoscenza passiva che gli permetta di intervenire quando sorge un problema. Il know-how tecnico e costruttivo dell'architetto è fondamentale, al contrario, quando egli inizia a concepire e disegnare un edificio. Esso è di un'importanza cruciale: è solo se dispone di competenza tecnica e costruttiva ad alto livello che un architetto può essere innovativo e creativo, e introdurre elementi di novità nei suoi edifici.

Che ingegneri, tecnici, imprenditori edili e artigiani discutano della costruzione di un edificio fra di loro senza che l'architetto abbia sempre un ruolo decisivo non è un modo di procedere che possa dare buoni risultati. È l'architetto a dovere dare istruzioni a tutti gli altri. La pratica diffusa che fa dell'architetto colui che disegna un edificio, ma resta estraneo alla sua progettazione tecnica e successiva costruzione e nell'impossibilità di esercitare un controllo su queste fasi ha un effetto diretto e visibile sulla qualità degli edifici. Un architetto non può controllare il processo di sviluppo di un edificio se non è presente sul cantiere e non ne è responsabile.

L'ultimo tema da affrontare parlando di questo quarto principio, la costruzione, riguarda la cruciale importanza della statica e della struttura. Non è raro che si concepisca un edificio quale mera forma o guscio, senza elaborarne un concetto strutturale. Ignorando però il concetto strutturale specifico di un edificio è pressoché impossibile perseguire un'idea architettonica coerente. È dunque necessario che il concetto strutturale di un edificio, parte fondamentale del sistema ordinatore architettonico, sia elaborato dall'architetto fin dall'inizio, fin da quando, cioè, dà un ordine alla sua idea. Il modo di procedere che vede un ingegnere civile prendere semplicemente in mano i disegni dell'architetto e integrarvi a posteriori un concetto strutturale che, in qualche modo, "li faccia funzionare", porta raramente a risultati soddisfacenti. Se la struttura non è integrata nell'ordine architettonico fin dall'inizio non si giungerà mai a un tutto unico, a una totalità. Il concetto strutturale deve essere già manifesto nel sistema ordinatore. Il concetto statico di un edificio e la sua struttura costituiscono, insieme alla forma, agli spazi, al materiale e alla costruzione, un'unità organica. Responsabilità dell'ingegnere sono soltanto il posizionamento e dimensionamento esatti degli elementi dell'edificio, non il sistema strutturale in quanto tale. In altre parole è l'architetto che, nel progettare un edificio, deve concepirne anche il sistema strutturale; solo a posteriori, una volta determinato quest'ultimo, l'ingegnere calcolerà le dimensioni esatte degli elementi.

Quinto principio: contraddizione

Per contraddizione va intesa la situazione in cui due o più parti sono vicendevolmente necessarie e, allo stesso tempo, non lo sono. È importante sottolineare subito che una contraddizione non è un'opposizione tra due o più parti. La contraddizione è, piuttosto, una strategia compositiva che cresce organicamente dall'interno dell'edificio. Una contraddizione, inoltre, non è da equiparare neanche a una dualità, come per esempio quella di bianco e nero; è invece, per continuare a servirci di quest'analogia, una situazione in cui il bianco e il nero coesistono, ma non come una fusione o un collage di due elementi. Una contraddizione non è in nessun caso qualcosa di indotto aggiungendo agli edifici un elemento per generare un contrasto, un contrasto inteso, per esempio, a suggerire deliberatamente un particolare tipo di interpretazione. Per chiarire che cosa s'intenda qui con il termine "contraddizione" può essere utile un esempio. Immaginiamo una persona che entra in una stanza di un piccolo edificio. Una volta all'interno, si trova di fronte a una scala. Di solito le persone non pensano a come sia strutturato un edificio. Nel nostro caso, la persona che entra nella stanza e vede una scala presumerà che al piano di sopra vi sia qualcosa. Tale semplice e spontanea concettualizzazione è talmente comune che, nel farla, non ci si rende nemmeno conto di stare concettualizzando la struttura di un edificio. È un processo così elementare, per noi, che a tale concettualizzazione arriviamo immediatamente. Immaginiamo ora uno scenario simile ma diverso: una persona entra nello stesso edificio, ma, questa volta, si trova di fronte a due scale, una accanto all'altra. Il suo tentativo di concettualizzazione procederà ben diversamente. La persona si chiederà: che storia è questa? Che cosa devo fare, davanti a due scale? Dove andare? Cambieranno le cose, a prendere una scala o l'altra? Arriverò al posto giusto al piano superiore? Se, di fronte a una sola scala, il tentativo di concettualizzare l'edificio avveniva senza alcuno sforzo, in modo apparentemente spontaneo, nel secondo edificio il processo consistente nel passare dallo stimolo sensoriale del vedere due scale all'immaginazione e quindi al tentativo di concettualizzazione non è affatto semplice; la cosa più probabile, anzi, è che la mente della persona non vi giunga a capo perché si è trovata di fronte a una contraddizione.

Che da un'unica stanza portino al piano superiore due scale è un esempio semplice di contraddizione. È una contraddizione perché, nell'avvicinarsi all'edificio, la persona lo ha già inconsapevolmente analizzato, presumendo che, per accedere al piano superiore, debba esistere una scala. Nel nostro esempio la persona risolverà nella propria mente la contraddizione costituita dalla presenza di due scale solo una volta esplorato l'edificio. Solo allora infatti, per quanto riguarda le due scale, sarà in grado di "capirlo". Più avanti in questo capitolo si sosterrà che le contraddizioni migliori sono quelle che non possono mai essere concettualizzate fino in fondo. Sono possibili molti tipi di contraddizioni. Esse possono coinvolgere qualsiasi elemento di un edificio tipo, come il concetto strutturale, la materializzazione, le aperture, la pianta, le misure costruttive, il movimento attraverso le stanze o l'approccio a esse. Le contraddizioni sono pianificate dall'architetto e dipendono dalla sua abilità creativa e innovativa.

L'esempio proposto ribadisce anche una tesi avanzata in precedenza: che a un edificio non vada aggiunto nulla che non gli sia inerente. Se l'edificio appena descritto richiede una scala è perché ha un secondo piano. Essa è un elemento che gli è necessario. Non è un "elemento di contrasto" inserito a scopi puramente didattici. Le contraddizioni non sono sovversive. Se un elemento nuovo e superfluo venisse inserito soltanto per tali scopi, non funzionerebbe come contraddizione.

Sarebbe visto come qualcosa di estraneo, di non appartenente all'edificio: in altre parole, come qualcosa di sovversivo. Sarebbe inteso come un'alterità. Nel migliore dei casi si vedrebbe in esso un contrasto. Lavorare con contrasti, tuttavia, è una strategia compositiva piuttosto banale e ben poco sofisticata, che non ha nulla in comune con la contraddizione quale la intendiamo qui, ai fini di un'architettura non-referenziale.

Aristotele distingueva fra differenza e alterità. Una contraddizione si presenta a prima vista come una differenza, come qualcosa che oppone resistenza a tentativi di concettualizzazione. È una sorta di "spaccatura" – qualcosa tipo una cesura – che innesca sempre nuovi tentativi di concettualizzazione, perché la differenza è tale da indurre le persone a immaginare, per affrontarla, modi sempre nuovi. Le contraddizioni stimolano la gente rendendola creativa. Possiamo anche dire che una contraddizione è una strategia compositiva per rendere un edificio produttore di senso.

Le contraddizioni, in quanto tali, hanno in sé una dimensione didattica, ma non nel senso comune, "educativo", del termine. Esse non insegnano qualcosa di specifico su un edificio. Si può aggiungere che l'architettura, come tutte le attività artistiche, non deve essere di per sé educativa. Alle persone, tuttavia, piace pensare e spiegarsi le cose in un modo più o meno giocoso; e a volte impegnarsi in pensieri ontologici sul proprio posto nel mondo. Di conseguenza, si può affermare che lo scopo è quello di insegnare qualcosa tramite le contraddizioni: prima in quanto contraddizioni e poi quali i due poli di un tutto. È questo il tipo di dimensione didattica inerente alla contraddizione.

Nella misura in cui un edificio è uno "strumento" didattico, insomma, una contraddizione è come un camminare sul filo. Un edificio non deve mai cessare di risvegliare la creatività perché, una volta che le persone hanno capito qualcosa, non vi prestano più attenzione. Quando hanno concettualizzato qualcosa a un punto tale da poterla facilmente applicare ad altri ambiti – perché di quella cosa sanno ormai tutto – essa ha perso il suo carattere di stimolo della creatività. Le contraddizioni sono importanti anche per il concetto di novità. Alla gente piace cercare di capire qualcosa che non ha mai visto prima o di cui non ha mai fatto una gradevole e precisa esperienza.

La contraddizione quale principio compositivo non è qualcosa di diverso dal processo che, secondo Immanuel Kant, porta a giudicare che una cosa è bella. Nella sua visione tale processo implica tre fasi: nella prima vi sono gli *stimuli* sensoriali, che si attivano quando ci si confronta con qualcosa; nella seconda fase lo *stimulus* iniziale mette in moto l'immaginazione; e nella terza c'è il tentativo di concettualizzare ciò che si è immaginato. Per Kant il senso della bellezza non sorge quando si è capaci di concettualizzare qualcosa in termini assoluti, nel senso di "capirla" sino in fondo; esso nasce, invece, dal continuo andare avanti e indietro fra possibilità di immaginazione sempre nuove e sempre nuovi tentativi di concettualizzazione. L'arte migliore, e presumibilmente anche la migliore architettura, è quella capace di far viaggiare costantemente la mente fra immaginazione e concettualizzazione, come se fra di esse si svolgesse una partita a ping pong.

Per Kant, insomma, se si riuscisse a capire una cosa sino in fondo ci si annoierebbe. Una volta concettualizzata, non ci si porrebbe più di fronte a essa in modo creativo. E, in questo caso, non rimarrebbe probabilmente che l'opzione di usarla in altri ambiti, ma il vero enigma estetico sarebbe risolto e quindi avrebbe perso la sua efficacia come stimolo creativo. Per spiegare tale fenomeno si pensi all'espressionismo astratto, per esempio all'opera di Mark Rothko. Se di fronte a un suo dipinto si giungesse alla conclusione di averlo pienamente compreso, non lo si guarderebbe più nello stesso modo: esso sarebbe ormai qualcosa di completamente concettualizzato. È ovvio però che se un'opera, per qualsiasi ragione, risulta del tutto inaccessibile, non innescherà l'esperienza estetica desiderata. Per questo s'è parlato di un camminare sul filo: la strada che porta a un'opera d'arte riuscita, nel nostro caso a un edificio riuscito, capace di dare il giusto stimolo ai nostri sensi, è molto stretta. Inutile dire che tali contraddizioni fanno appello alla sensibilità di chi vive in un mondo non-referenziale. L'architettura non-referenziale denota, ma si rifiuta di spiegare o narrare, e si lascia alle spalle ogni residuo teatrale di persuasione e divulgazione. L'architettura non-referenziale e le sue contraddizioni permettono alle persone di recepire un senso nonostante l'assenza di associazioni semantiche stabilite come quelle che esistevano in passato, quando si dava senso al mondo grazie a un sistema di riferimento fatto di immagini e simboli relativamente fissi.

Un altro caso di contraddizione è quello di un edificio la cui forma appaia assolutamente banale, nel senso di non segnata da un gesto accademico; come, per esempio, quando assume la più comune forma di casa: una casa con muri, finestre, una porta e un tetto a spioventi, come appare in migliaia di disegni di bambini. Non c'è nulla che induca a porsi domande su quello che un architetto potrebbe aver cercato di realizzare con la forma di un edificio del genere. Non si tratta che della forma di casa più normale e comune che esista. Se, tuttavia, a una simile casa si sovrapponesse qualcosa che di solito non le appartiene, è possibile che da quella semplice forma di casa del tutto ordinaria si generi qualcosa di incredibilmente profondo. Entrando in una casa così archetipica – che a prima vista ci si presenta come la casa-riparo per antonomasia – potremmo per esempio scoprire che non ha un tetto. A questo punto la casa apparentemente comune che davamo per scontata rischia di diventare di punto in bianco enigmatica. Ci troviamo di fronte a una situazione in cui la casa diventa libera: alla nostra facoltà immaginativa, infatti, si aprono possibilità nuove; una casa senza tetto suscita interrogativi. La contraddizione costituita dalla sovrapposizione a ciò che è familiare di qualcosa che non lo è affatto porta a trascendere l'apparentemente banale o di routine per giungere a qualcosa che mostra un senso profondo. C'è un effetto di straniamento.

Certo, le case non possono fare a meno di un tetto. Le contraddizioni devono produrre senso in un edificio che funziona bene. Non sono stratagemmi; diventano vitali e potenti solo se fanno parte di un organismo edilizio perfettamente funzionante. Se un visitatore entra in un edificio e scopre che, per esempio, è per tre quarti aperto, cioè privo di tetto, inizierà a pensare in modo creativo alla funzione di riparo della casa. Forse inizierà a riflettere sul fatto che a fare di un edificio un riparo non è solo un tetto convenzionale, e che esiste anche il riparo dell'universo, anche se una persona non sarebbe protetta dalla pioggia e dal sole. Una contraddizione del genere può indurre a riflettere su ciò che fa di un edificio una casa e su che cosa esattamente è per noi un riparo. Che ampie porzioni di un edificio non abbiano un tetto può lasciare disorientati. Ad alcuni un edificio così potrebbe apparire insensato, ma in altri potrebbe suscitare pensieri esistenziali e metafisici. Considerata la questione, una persona potrebbe giungere alla conclusione che sia sufficiente coprire soltanto un quarto dell'edificio, specie se osserva che la mancanza di un tetto non riduce il comfort ma, anzi, lo aumenta. Ora che chi lo abita ha un rapporto fisico estremamente diretto con la "tenda celeste", il fatto che tre quarti dell'edificio non siano coperti potrebbe diventare la sua qualità più preziosa. C'è qualcosa che costituisce un maggior riparo del superamento della nostra metafisica mancanza di casa? La contraddizione è un principio compositivo importante per fare architettura oggi; è una strategia per creare edifici in un'epoca in cui non esistono più significati fissi condivisi e, nello stesso tempo, per mirare a stimolare la creatività delle persone.

Un altro tipo di contraddizione è quello teorizzato da Gottfried Semper nella sua *Stoffwechseltheorie* (teoria del metabolismo). Il termine indica il processo di metamorfosi frutto del passaggio da un materiale a un altro. Semper, che ha tentato di definire il rapporto fra architettura in legno e architettura in pietra, era alla ricerca di estrapolazioni applicabili all'architettura in ferro. Nella nostra epoca di architettura non-referenziale, la metamorfosi da un materiale a un altro non è più in sintonia con il processo storico positivista in senso semperiano. Metamorfosi del genere possono prendere qualsiasi direzione. Una contraddizione basata su tale trasformazione del materiale emergerebbe, per esempio, se si costruisse in calcestruzzo una casa di legno. Allo stesso modo, sarebbe una contraddizione costruire un edificio in pietra nelle forme di un edificio con struttura in legno. È esattamente questo che è stato fatto a Fatehpur Sikri. Tali metamorfosi si leggono come contraddizioni e liberano gli edifici da tutte le loro connotazioni intrinseche. Svanito o riconosciuto come non valido qualunque riferimento, ci si trova a doversi radicalmente risintonizzare con tutto ciò che costituisce un edificio.

Sesto principio: ordine

L'ordine architettonico fa da connessione tra l'idea alla base di un edificio e la realtà architettonica costruita. Attraverso di esso l'idea assume una forma grazie agli elementi costruttivi: pareti, pavimenti, tetti, aperture e colonne, in rapporto vicendevole all'interno del sistema ordinatore. È in questi elementi primari che l'ordine si manifesta. In altre parole, l'idea di un edificio è articolata prima di tutto da un sistema ordinatore, che si rende infine materialmente manifesto assumendo una chiara presenza fisico-materiale, allorché pareti, pavimenti, tetti, aperture e colonne sono realizzati dal punto di vista materiale e costruttivo. Si può quindi affermare che l'ordine architettonico di un edificio funga da ponte fra la sua idea architettonica e la sua realtà fisica: idea – ordine – edificio.

L'interrelazione idea – ordine – edificio implica che l'ordine architettonico sia dedotto dall'idea. Un ordine è una trascendenza dell'idea nel senso che deriva da essa. Affermare un simile rapporto causale fra idea e ordine – e in misura minore anche fra idea, ordine ed edificio – è qualcosa di diametralmente opposto a concetti quali "spazio accidentale", "forma accidentale" e "architettura trovata".

Esistono due modi base per stabilire l'ordine: uno è deduttivo, l'altro induttivo. Questi due metodi sono sempre stati adottati dagli architetti, anche se in genere non con tutto il rigore necessario per fare del modo di concepire un edificio un metodo nel vero senso scientifico del termine. Tuttavia, la distinzione fra deduttivo e induttivo ha assunto per l'architettura non-referenziale un'importanza primaria. Diremo questo: in un'architettura non-referenziale ad avere senso per la definizione del sistema ordinatore è solo l'approccio deduttivo.

L'induttivo, su cui si basano l'"accidentale" e il "trovato", manca nel mondo non-referenziale di qualsiasi fondamento. Che in un mondo caratterizzato dalla polivalenza, che ha rinunciato quindi a principi relativamente stabili – che esistevano, invece, nei periodi moderno e postmoderno – lavorare induttivamente non sia più possibile è un'ovvietà. L'induttivo è utile soltanto finché disponiamo di un firmamento di "verità", nonostante la nozione di "verità" si stia facendo sempre più fluida e mutevole. La modernità e la postmodernità erano definite dalla fede nel valore di ideologie condivise e, sotto l'ombrello di quegli ideali, l'architettura moderna e postmoderna poteva svolgere le sue ricerche in modo induttivo e accontentarsi di un'"architettura trovata". Ma non è più questa la situazione in cui viviamo. È proprio a causa dell'assenza di una base di principio che l'architettura non-referenziale esige l'approccio deduttivo. Nell'architettura non-referenziale è quindi l'idea per un edificio che viene dedotta. Del perché l'ordine possa essere solo frutto di deduzione c'è tuttavia una seconda spiegazione: il sistema ordinatore non può essere autoreferenziale. Nell'architettura non-referenziale il sistema ordinatore è non-referenziale, non auto-referenziale.

Nell'architettura contemporanea è l'autoreferenzialità che, portando a edifici basati sull'"accidentale" e sul "trovato", produce un vuoto evidente. Il tema merita attenzione. L'architettura autoreferenziale è quella derivata induttivamente, che non è soggetta a un'idea e non presenta una tesi o una premessa che cerchino di essere "giuste". Presenta piuttosto probabilità forti o deboli che non sono il frutto di una tesi o una premessa, bensì sono l'ordine generato di una serie astratta e più o meno complessa di vari processi e fattori. L'approccio induttivo che conduce allo "spazio accidentale" mira a realizzare edifici utilizzando parametri più o meno casuali, come i confini dei lotti, le infrastrutture, le esigenze funzionali, le proprietà dei materiali e i regolamenti edilizi. Tali parametri sono insufficienti affinché un ordine architettonico possa essere produttore di senso. Concetti quali "accidentale" e "trovato" sono problematici. Accettarli come soluzioni creative per l'architettura equivale a una dichiarazione di bancarotta intellettuale e artistica: chi ne è fautore, infatti, non considera più l'edificio come qualcosa che può produrre senso. Elevare l'"accidentale" e il "trovato" allo status di modus operandi accettabile di progettazione, com'è avvenuto di recente, significa non capire che l'ordine architettonico è il risultato dell'idea alla base dell'edificio. L'approccio consistente nel costruire un edificio tramite l'"accidentale" e il "trovato" insiste che è l'ordine architettonico di per sé – privo di legame con un'idea – a conferire a un edificio il suo senso. L'ordine che può essere creato dalla ricerca

116

induttiva della forma "accidentale" e "trovata" è forse coerente, ma non è produttore di senso. La differenza è fondamentale. È come ammirare gli ingranaggi di un orologio per se stessi senza considerare a cosa servono. Gli ingranaggi di un orologio possono essere straordinariamente belli, ma è un fatto umano innegabile che li troviamo ancora più belli se possiamo collegarli in qualche modo a un'idea, cioè, per proseguire nell'analogia, se sappiamo che misurano il tempo e, in definitiva, che ci collegano all'idea stessa di tempo. Certo, l'ordine architettonico di un edificio è molto meno specifico, in termini di scopo, degli ingranaggi di un orologio, ma neanche gli edifici possono essere privi di idee produttrici di senso.

La supposizione che a un sistema ordinatore si debba giungere induttivamente è recente. Tale tendenza è, con tutta probabilità, conseguenza di un'ideologia che ci ha portati a sentirci molto più a nostro agio con l'approccio induttivo e ad accettarlo perché forse lo percepiamo come partecipativo, una sorta di "processo di base". L'approccio induttivo è un metodo equiparabile a una "logica dal basso", apparentemente considerata più coinvolgente della cosiddetta "logica dall'alto" che associamo al deduttivo. Forse quest'ultimo sembra meno desiderabile perché ammette apertamente di avere bisogno di un autore – per esempio uno specifico architetto – che si assume la responsabilità di definire limiti e intenzioni e stabilisce le regole. Il metodo induttivo, su cui si basano i sistemi ordinatori accidentali, è il contrario dell'intenzionale, del deliberato e del progettato, tutti attributi che appaiono importanti per la costruzione di edifici. Eppure l'approccio non intenzionale, casuale e fortuito associato all'accidentale sembra esercitare un certo fascino nella ricerca di possibilità espressive in architettura. Inoltre l'approccio induttivo sostiene, per non dire pretende, che le decisioni non siano più prese da un autore o da uno specifico architetto. A un certo punto del processo, tuttavia, anche la ricerca induttiva richiede un giudizio o una decisione dell'architetto perché le cose siano fatte in un modo o in un altro.

Le definizioni normative presentano la logica deduttiva come il processo di pensiero che, a partire da una premessa o una tesi, giunge a una conclusione logicamente certa. Il ragionamento induttivo, invece, è definito come quello che deriva principi generali da osservazioni specifiche. La logica deduttiva collega una tesi a delle conclusioni. Nel caso di un edificio, collega un'idea a un ordine. In termini strettamente scientifici si può affermare che, se tutte le premesse della tesi sono giuste, le variabili o i termini chiari, e si seguono le regole della logica deduttiva, la conclusione raggiunta è necessariamente giusta. Come architetti noi tendiamo naturalmente a pensare che la progettazione di un edificio appartenga agli ambiti dell'arte e dell'estetica, e quindi un'applicazione così rigorosa della logica al nostro lavoro ci fa sentire estremamente a disagio. Quando però diciamo che la logica deduttiva collega una tesi a delle conclusioni, questo non significa altro che nella costruzione di un edificio tutto è governato da un'idea onnicomprensiva. Ciò che deduciamo da un'idea impedisce quindi che le decisioni prese dall'architetto dipendano dalla situazione.

L'approccio induttivo fa pensare che un edificio si sviluppi senza un'intenzione di partenza; inoltre, esso pretende di essere un processo non controllato da nessuno. Questo modo di lavorare non richiede alcuna idea produttrice di senso. Se si è convinti che sia possibile lavorare senza una chiara intenzione in mente, si immagina l'architetto seduto di fronte a un foglio bianco che inizia semplicemente a disegnarvi qualcosa. Oppure lo si immagina mentre si mette a progettare producendo modelli di vario genere. Potrebbe venirne fuori qualsiasi cosa. Questo approccio vige tuttora in molte facoltà di architettura, dove agli studenti viene chiesto di "semplicemente iniziare". Esso si basa soltanto sulla speranza che all'architetto, nel tracciare schizzi, disegnare e realizzare modelli, venga un'ispirazione. Sì, più un architetto è dotato e più mezzi ha a disposizione, più i suoi schizzi, disegni e modelli saranno sofisticati. Ma per quanto un processo possa essere ricco di risorse, elaborato e sofisticato, è innegabile che da un approccio induttivo non intenzionale possa nascere soltanto qualcosa di accidentale. Tale approccio alla formulazione di un ordine architettonico vuole farci credere che le regole vengano "trovate" induttivamente tramite lo studio di condizioni sempre più specifiche. Ma anche producendo il maggior numero di campioni possibile per giustificare le conclusioni, resta il fatto che un'analisi non basta da sola a generare un'intenzione per un edificio. Viene smentita la premessa secondo cui l'autorialità sarebbe sostituita da un processo che si presume più logico, perché non implica che decisioni e giudizi siano formulati da un singolo individuo.

Si sa che quasi qualunque cosa può essere analizzata e che da essa è possibile derivare un qualche tipo di ordine. Da sola, però, l'esistenza di un ordine non serve a nulla. E anche se un ordine appare bello quando applicato a un oggetto, normalmente le persone che vi si imbattono vogliono potergli dare un senso rapportandolo a qualcosa di significativo per loro. Il tentativo di rinunciare alla razionalità di un'intenzione deduttiva e, in cambio, fare induttivamente affidamento su una sorta di *objet trouvé* non genera un ordine produttore di senso. Al contrario, è insensato. E questo perché una complessità esclusivamente interiorizzata, si potrebbe anche dire meccanicistica, non può dare legittimità a un edificio senza un rapporto con qualcosa di produttore di senso che si basi su idee umanistiche. Come una macchina senza uno scopo, edifici del genere non diranno niente alla gente. Anche se l'architettura non-referenziale è liberata da immagini, simbolismi, significati e riferimenti stabiliti, tale liberazione non può essere il risultato di processi meccanici, a prescindere dalla loro complessità. Il sistema ordinatore di un edificio deve essere non-referenziale, e non auto-referenziale.

Tuttavia, nella progettazione di un edificio, l'approccio induttivo non è del tutto inutile e improduttivo.

Una volta che un architetto ha concepito un'idea per un edificio e ne ha dedotto un ordine, procedere per induzione diventa utile. Immaginiamo che per un nuovo edificio vengano prese in modo deduttivo anche altre decisioni rilevanti non necessariamente causali, per esempio riguardo al materiale con cui l'idea per un edificio sarà concretizzata. Tuttavia c'è un punto, nel processo di costruzione, in cui lavorare in modo induttivo diventa ragionevole e fruttuoso. Per esempio, sembra ragionevole che l'architetto proceda induttivamente tenendo conto delle proprietà del materiale che ha scelto. Una possibile conseguenza del modo di lavorare induttivo è che le proprietà del materiale agiscano in modo correttivo e diano sicurezza su possibili concetti strutturali dell'edificio. La progettazione di un edificio si svolge dunque con un approccio duplice e apparentemente contraddittorio: da una parte, l'idea architettonica regola la creazione dell'edificio in modo deduttivo, guidando l'architetto nelle sue decisioni su ciò che deve essere fatto; dall'altra, il materiale e gli altri parametri definiscono l'edificio in modo induttivo, tenendo sotto controllo e limitando le possibilità a livello di costruzione.

La conoscenza, la disciplina e l'agilità mentale necessarie per sapere quando e come lavorare in modo deduttivo e quando e come lavorare in modo induttivo sono estremamente importanti e dovrebbero essere separate da questioni ideologiche come la preferenza per una "logica dal basso".

La costruzione di un edificio, nel senso stretto del termine, non è qualcosa di filosofico o politico, ma di pragmatico: è quindi il momento sbagliato per scegliere questo o quel modo di procedere basandosi su mere ragioni ideologiche. La costruzione di un edificio non ha nulla a che vedere con l'ideologia. L'architettura non-referenziale trae vantaggio sia dall'approccio deduttivo sia da quello induttivo. Ciò che conta quando si parla del principio dell'ordine, tuttavia, è che l'ordine è senza ombra di dubbio il risultato di un'intenzione dell'architetto riguardante il modo in cui immagina l'edificio, anche se il mondo non-referenziale in cui viviamo è estremamente scettico riguardo a tutto ciò che viene deciso "dall'alto". È proprio la condizione non-referenziale che esige dall'architetto un'intenzione. L'ordine viene dedotto dall'idea. Il sistema ordinatore di un edificio è consapevolmente deciso dall'architetto, perché l'ordine di un edificio è l'incarnazione di qualcosa che comunica alle persone un "senso" convincente.

Settimo principio: produzione di senso

Gli edifici devono produrre senso. Un edificio che si limiti a incarnare un ordine concettuale è privo di senso. Fare in modo che un edificio produca senso è un presupposto inevitabile.

Che si elegga la produzione di senso a principio dell'architettura non-referenziale può stupire, perché in genere si tende a pensare che fra il non-referenziale e la produzione di senso non vi sia niente in comune. È un errore. L'architettura non-referenziale può essere produttrice di senso.

Nell'architettura contemporanea c'è la tendenza a non sfruttare le capacità di produzione di senso degli edifici. In un mondo in cui sulla validità dei riferimenti non c'è consenso, si sostiene che la produzione di senso non sia più possibile. La maggior parte degli addetti ai lavori – che ancora per lo più non riconoscono di vivere in un mondo non-referenziale – continua a vedere la produzione di senso in architettura come qualcosa di possibile soltanto attraverso l'importazione negli edifici di questo o quell'elemento non architettonico. Dal canto loro, quanti hanno compreso che il mondo non-referenziale è una realtà reagiscono a questa presa di coscienza evitando del tutto di progettare edifici produttori di senso.

Di recente, proprio dalla situazione sopra descritta è emerso un approccio che riduce la "verità" di un edificio a una coerenza interiorizzata ed ermetica. Molto spesso questa coerenza interna ed estremamente rigorosa deriva da diversi parametri che l'architetto ha deciso di adottare. I migliori di questo tipo di edifici sono belli, ingegnosamento proget-tati, e sono la più elevata espressione dell'artificio. Tuttavia, neanche l'attenzione alla più scrupolosa concettualizzazione dei parametri e dei conse-guenti sistemi ordinatori stabiliti per induzione può evitare che a questi edifici manchi qualcosa di essenziale, ossia qualcosa che produca senso, che sia concretamente importante per la vita delle persone, per i loro sogni e i loro desideri. Gli edifici possono essere fin che si vuole elaborati con grande ingegno e sofisticati nella tecnologia, ma alla fine si impongono per la loro capacità di avere un senso, perché offrono alle persone l'opportunità di superare in modo creativo la sensazione metafi-sica di essere senza casa, sensazione che spesso le affligge nel mondo non-referenziale e disorien-tante di oggi. È questo il motivo per cui limitarsi a stabilire un ordine non è sufficiente. L'ordine in quanto tale non è produttore di senso.

Per chi schiva la produzione di senso, la soluzione è adottare un modo di procedere induttivo che approda a sistemi ordinatori "accidentali" e "trovati". Questi conferiscono agli edifici coerenza, e gli esponenti di questo approccio sostengono che oggi, nel nostro mondo non-referenziale, a produrre senso in architettura è la coerenza. Ma questo significa fare torto alle possibilità dell'architettura. Lavorare solo concettualmente (finora in questo testo invece del termine "concettuale" abbiamo usato per lo più il termine "induttivo") per arrivare a un ordine non garantisce la produzione di senso, anche se l'ordine è coerente. L'ordine è solo un mezzo per raggiungere l'obiettivo di creare un edificio che sia portatore di senso. Per illustrare questo punto: se tutti sono d'accordo che $1 + 1 = 2$, questa somma, al di là della sua logica matematica, non produce alcun senso. Tali numeri acquistano significato nella nostra vita solo quando assegnamo loro un valore umanistico. Un ordine architettonico puramente coerente può essere comprensibile, ma non genera nulla: è comprensibile, ma non produttore di senso. Non è sufficiente essere semplicemente toccati dall'architettura; l'ordine architettonico deve rappresentare qualcosa di concreto per la vita delle persone.

L'architettura è qualcosa di più del soggetto di un ordine logico.

L'effetto degli edifici appartiene all'ambito dell'estetica. Se, per esempio, l'ordine di un edificio contempla una pianta circolare con copertura a cupola, verrà percepito come eccezionale solo se incarna la trascendenza di un'idea umanistica.

Certo, anche la geometria e i paradigmi matematici derivano da idee umanistiche, e i numeri hanno una grande importanza. Nel nostro particolare esempio, la cupola è architettonicamente produttrice di senso non solo perché è l'incarnazione dell'idea di regno dei cieli, ma anche perché la cupola è stata resa possibile, a livello intellettuale, dall'idea che al numero 0 si potesse assegnare un valore, cosa inconcepibile nella cultura dell'antica Grecia. Quasi certamente pensare alla pietra e alla statica in termini induttivi non avrebbe mai portato a una cupola; e, se lo avesse fatto, non avrebbe offerto un'opportunità per la produzione di senso agli occhi delle persone. A portare all'invenzione architettonica della cupola è stata un'idea generatrice di forma e produttrice di senso emersa duemila anni fa, di cui il numero 0 era l'espressione intellettuale. Si suppone, tuttavia, che la cupola esistesse già prima del cambiamento di paradigma matematico, perché in genere la manifestazione spaziale di un'idea precede la sua concettualizzazione intellettuale. Quando oggi qualcuno dice che 1 + 1 = 2, quando stabilisce che un edificio deve avere otto colonne, decide che deve essere quadrato o avere tre pareti, parla di sistemi ordinatori che non possono bastare a se stessi: essi devono essere anche in qualche modo produttori di senso. C'è la tendenza a pensare che ridurre un ordine a pura coerenza, e quindi senza possibilità di produzione di senso, renda retorico l'edificio. Ma gli edifici non possono essere soltanto intelligenti sistemi ordinatori e, quindi, fungere da semplici contenitori di una sorta di verità retorica, autoreferenziale e miope. La logica di un edificio – in altre parole la ricerca di una verità – deve essere sempre un'effettiva ricerca di verità.

Anche se a condurre al nostro mondo non-referenziale e alla mancanza di fiducia nell'autorità che lo caratterizza è stato probabilmente un disincanto riguardo a visioni del mondo e ideologie, la dimensione del magico non è completamente scomparsa. Oggi come in passato, gli interrogativi sulla nostra vita e sul nostro mondo ci pongono di fronte a degli enigmi. Il fatto che non siamo inclini ad accettare alcuna ideologia non significa che l'ordine architettonico non continui ad appartenere al regno della vita. Compito dell'architettura è collocare la vita in un ordine spaziale. In breve, l'architettura distilla e sublima, in un modo o in un altro, l'idea di vita. Un edificio non è l'applicazione meccanica di un ordine astratto, ma una formulazione produttrice di senso. Scopo della produzione di senso è accrescere le possibilità di ognuno. Tramite un edificio, si percepisce fisicamente la vita come una configurazione e un'esperienza dello spazio, il che conferma la vita in quanto tale. Quando si erge nella realtà, un edificio produce creativamente senso tramite l'empatia dell'osservatore e la sua creatività nell'interpretarlo.

A essere fondamentalmente nuovo oggi rispetto al passato è il fatto che un edificio deve essere produttore di senso, innanzitutto per coloro che lo usano. La produzione di senso ha qualcosa di molto speciale, perché è in definitiva l'individuo a vivere fisicamente un particolare spazio produttore di senso. Nuovo, oggi, è anche il fatto che la produzione di senso è diversa per ogni edificio. Particolarmente importante a questo riguardo è che, pur essendo diversa per ogni edificio, la produzione di senso costituisce tuttavia un principio dell'architettura non-referenziale.

Nel mondo polivalente e non-referenziale in cui viviamo non siamo più abituati ad aderire a principi, ma tendiamo a pensare ai principi come a un ossimoro. Se, tuttavia, non concepiamo il principio della produzione di senso come relativo a immagini e simboli semantici ideologicamente stabiliti, la situazione cambia. Se mettiamo da parte i nostri preconcetti sul vedere il mondo storicamente per vederlo invece formalmente, ci renderemo conto che la produzione di senso investe il mondo alla radice. Non è qualcosa di legato a una particolare teoria o ideologia. La produzione di senso, nel suo modo fondamentale, è innanzitutto la manifestazione concreta della conoscenza sensoriale. Si potrebbe chiamarla una "grande ragione", una sorta di ragione che è, ancora una volta, formale anziché storica. Gli edifici devono essere produttori di senso perché gli esseri umani possano ordinare la loro vita nei termini più basilari. Tale attività è creativa e diventa funzione di una logica che precede ogni concettualizzazione e ogni ideologia.

La produzione di senso è il principio dell'architettura che ha a che vedere con la domanda sul perché. La domanda sul perché qualcosa sia una buona idea deve ricevere dall'architetto una risposta. In un modo o nell'altro, Esperienza dello spazio, Totalità, Novità, Costruzione, Contraddizione e Ordine hanno alla base una domanda sul come. La produzione di senso ha alla base la domanda sul perché. Se i principi enunciati in questo testo non vanno assolutamente intesi teleologicamente, nel senso, cioè, che ognuno si basa sul precedente, è corretto dire che ordine, spazio, ambiente, materiale, costruzione e composizione sono tutti subordinati alla produzione di senso. Essa è un po' come un collante che tiene insieme tutto ciò che è importante per un edificio.

In mancanza di un esempio concreto di edificio in fase di progettazione, è difficile spiegare che cosa sia esattamente la produzione di senso di cui stiamo parlando. Si può dire, comunque, che non tutto ciò che viene in mente all'architetto produce senso. Quando egli propone questa o quella cosa, sul fatto che essa produca senso o no occorre ragionare. Se, per esempio, progetta un edificio a forma di cubo, occorre che la sua decisione sia motivata a livello di produzione di senso. In questi termini, l'affermazione è forse un po' troppo concisa; a rifletterci un momento, tuttavia, risulta evidente che progettare qualcosa che sia produttrice di senso è un'ardua impresa, perché non è possibile stimolare la creatività di una persona senza presentarle anche qualcosa di nuovo. Questo è particolarmente vero oggi, quando gli architetti non possono contare su un linguaggio architettonico semantico precostituito. L'architetto contemporaneo deve dare vita a qualcosa che produca senso dal nulla: non ha a disposizione alcuna formula preconfezionata. In altre parole, le formulazioni architettoniche produttrici di senso deve inventarle da sé.

Gli architetti contemporanei si trovano impegnati nella ricerca di un "argomento di verità" in un mondo privo di fede nelle verità. Questa difficile situazione, di dover creare spazi e ambienti produttori di senso in un mondo così, richiede all'architetto una profonda consapevolezza delle correnti fondamentali del mondo affinché i suoi edifici non soccombano alla retorica del formalismo. Affermare che un architetto debba avere qualcosa di filosofico da dire sarà altisonante, ma che abbia una tesi è indispensabile, e occorre che essa veicoli una scoperta capace di attivare la mente delle persone e stimolarne la creatività. La verità è una qualità rara nella nostra epoca. Ma, per quanto possa dispiacere a chi crede in una verità intesa come una fede religiosa, come a chi non ha alcuna pretesa alla verità, fra questi due estremi esiste ancora uno spazio in cui la maggior parte della gente trova "verità" importanti e utili per la propria vita.

Forse, nel nostro tempo, dobbiamo accontentarci di giungere al "più vero possibile" piuttosto che alla verità assoluta, che, d'altra parte, è sempre esistita solo nell'ambito della fede: anche la filosofia, per esempio, si occupa "soltanto" di saggezza. Tuttavia, il "più vero possibile" è molto più desiderabile di una "verità retorica". Gli edifici dell'architettura non-referenziale traggono beneficio da questo genere di "argomenti di verità". La produzione di senso nel significato del "più vero possibile" implica un momento di consapevolezza. Se accettiamo di voler comprendere qualcosa, ne consegue che dobbiamo anche accettare ciò a cui ci riferiamo come vero. Sì, la verità è un territorio infido in un mondo che sembra non avere più alcun ideale comune.

Tuttavia, è proprio perché l'architettura non-referenziale non può fare affidamento su concetti costruttivi fissi che deve esserci una sorta di "argomento di verità", un po' come in un trattato filosofico. Per "argomento di verità" s'intende una ricerca di verità, una tesi, se così vogliamo chiamarla, fugace quanto una simile ricerca di verità può essere nella nostra epoca. La necessità di un "argomento di verità" sorge proprio perché è nell'ambito degli "argomenti di verità" che avviene la produzione di senso. Quanto alla "verità retorica", espressione con cui intendiamo un argomento che, se di per sé può essere logico, è tuttavia autoreferenziale, in genere essa non viene accettata e, comunque, non può essere messa sullo stesso piano di qualcosa che si considera importante per la propria vita. Mentre, se noi non pensiamo più alla verità in termini religiosi, gli "argomenti di verità" continuano per gli esseri umani a essere importanti in un modo molto reale e attuale.

Un edificio trae incontestabilmente la sua ragione d'essere fondamentale dalle sue capacità di produrre senso. In altre parole, ottiene legittimità dal discorso sulla sua produzione di senso. Per evitare ogni equivoco, tuttavia, va fatta subito una precisazione: la produzione di senso non ha nulla a che fare con una ricerca morale. Non esistono edifici morali o amorali; esistono soltanto edifici che producono senso e altri che non ne producono. La produzione di senso non è una questione di buono o cattivo; è una questione di giusto o sbagliato.

Autorialità

L'autorialità crea edifici produttori di senso. Essa è quindi anche una reazione contro l'incapacità, nel mondo non-referenziale, di progettare edifici dotati di una simile qualità. È l'architetto a operare da autore, a essere in grado di concepire questo tipo di edifici nel nostro mondo non-referenziale: l'"architetto-autore". È altamente improbabile che qualcosa che produca senso possa essere realizzato da un team se l'autorialità non è delegata a uno dei suoi architetti. Progettare un'architettura ideazionale costituita da spazi di cui è possibile fare esperienza è un atto spirituale, speculativo e creativo-sintetico. In questo senso il lavoro dell'architetto si colloca nella sfera artistico-filosofica e non in quella organizzativa. Un team senza un autore tende a uniformarsi e non opera in modo metafisico. La nostra società non-referenziale, avendo attivamente perseguito il non credere a nulla, non dispone più di un fondamento e di un canone in base ai quali poter costruire in un modo che produca senso. Ecco allora che un team composto da diversi membri può al massimo evitare errori e creare dal punto di vista tecnico, organizzativo e scientifico, ma non potrà mai approdare a qualcosa che produca senso. La società non-referenziale, tuttavia, esige un'architettura la cui sola presenza produca un senso, non un'architettura esplicativa. Per la produzione di senso è essenziale la metafisica, che innesca un'attività speculativa sia nell'artefice sia nel fruitore; e, di quest'ultimo, stimola la creatività.

È sintomatico che gli architetti più ammirati del passato e del presente siano tutti individui singoli, non dei team. L'idea che un gruppo di persone mediocri possa comunque dare prova di grandi capacità lavorando in squadra è una conseguenza della bussola etica postmoderna: una convinzione diventata negli ultimi tempi una sorta di "semi-verità" alimentata dall'ideologia e convenzionalmente accettata. Anche la negazione della legittimità dell'autorialità di un architetto autonomo è un atto ideologico. La tendenza imperante a livellare, allineare e omogeneizzare tutto non ha soltanto spazzato via il firmamento sopra le nostre teste, riuscendo apparentemente a limitare il magico, ma tenta anche di sopprimere la capacità di sentire ed empatizzare in modo primordiale, fisico. Se ciò dovesse mai avverarsi, sarebbe la fine della scoperta che costituisce il fulcro della sfera estetica. È però nella natura delle cose che l'autorialità prevalga.

In queste attuali circostanze l'"architetto-autore" è importante. La legittimità dell'autore è in definitiva senza tempo, e questo perché l'umanità sostiene la ricerca individuale di produzione di senso. Che persone alla ricerca di una "verità" siano sempre esistite è innegabile. L'"architetto-autore" è una di esse. Nonostante la scientifizzazione della nostra vita, la "verità" continua a esercitare tutto il suo fascino. La creatività nella produzione di senso in architettura – "senso" che non va confuso qui con "scopo" – può venire solo da un unico autore, perché nella sua espressione più elevata il senso non può essere misurato.

Nel linguaggio comune con il termine "autore" si è soliti indicare uno scrittore, ma, in senso più ampio, un autore è chiunque dia vita a qualcosa di nuovo. Di ciò che crea, l'autore si assume la responsabilità e, così facendo, sottolinea la propria autonomia. Una persona autonoma agisce in modo indipendente. L'"architetto-autore" è colui che funge da mentore e mente direttiva di un team, ha una propensione alla creatività ed è un pensatore capace artisticamente e intellettualmente di costruire in un mondo non-referenziale.

Quella dell'"architetto-autore" non è una figura nuova. Ribadiamo come sia indicativo che gli architetti più ammirati nel corso della storia siano sempre stati "architetti-autore". Nonostante la recente tendenza a ritenere che l'architetto che lavora autonomamente, non come parte di un team, rappresenti un modello di ruolo appartenente al passato e che la sua importanza vada scemando sempre di più, ancora oggi tutti gli architetti che lavorano in modo creativo sono "architetti-autore".

La necessità di "architetti-autore" si è fatta pressante soltanto di recente. Sino alla fine del postmodernismo, una ventina d'anni fa, l'autorialità in architettura era in larga misura qualcosa di intrinseco alla disciplina, e contribuiva a mantenerla all'interno dei confini ideologici di una determinata epoca. Sino ad allora l'architetto agiva nell'ambito delle aspirazioni sociali, filosofiche e professionali relativamente stabili della società e della sua cultura. Suo compito era costruire al servizio di quei valori sociali comuni. Questo non significa che in passato anche i migliori architetti fossero fornitori di servizi; significa che anche gli architetti più ammirati e rivoluzionari godevano del vantaggio di operare nella relativa stabilità di valori sociali più o meno costanti. Era comodo per gli architetti poter fare riferimento nel loro lavoro ad ampie correnti sociali. In altre parole, sapevano con chiarezza che cosa dovevano fare. Il formidabile compito dell'architetto consisteva nel progettare edifici belli ed emblematici che illustrassero questa o quella visione del mondo. Con l'avvento del mondo non-referenziale il suo compito è cambiato. Oggi un architetto deve concepire edifici che producano senso, ma non ha più a disposizione visioni del mondo cui riferirsi. Confermiamo che gli "architetti-autore" non soltanto sono auspicabili, ma sono indispensabili, perché senza il loro lavoro la ricerca umana non potrebbe conoscere alcuna crescita e non sarebbe possibile espandere le possibilità delle persone.

La differenza, rispetto al passato, è che oggi l'architetto non dispone di un apparato ideologico che definisca a priori ciò che l'edificio deve incarnare. Non esiste più niente che possa essere incarnato in una forma simbolica. Sì, in qualche misura gli architetti sono sempre stati i fornitori di forme della società. Ma continuare a esserlo per una società che non conosce la propria forma è estremamente difficile, se non impossibile. Oggi possiamo affermare che il compito degli architetti è quello di modificare le aspettative e dare un quadro di riferimento alle nostre vite. È lo spostamento sociale verso il non-referenziale a rendere necessario che essi si facciano autori e affrontino le ricerche umane più fondamentali. Invece di realizzare qualcosa in modo più o meno simbolico, l'"architetto-autore" deve concepire una cornice al cui interno le persone possano coltivare i propri pensieri.

Vediamo ora che cosa gli "architetti-autore" non sono. Innanzitutto, non sono creatori di valori nel senso di imporre in modo megalomane dei valori agli altri. Non potrebbero neanche esserlo, perché gli "architetti-autore" di oggi non conoscono valori condivisi che potrebbero manifestarsi in tutti o almeno in un buon numero di edifici. In secondo luogo, si tende erroneamente a pensare che l'"architetto-autore" sia dedito principalmente alla propria realizzazione personale, che in primo piano nel suo lavoro sia la soddisfazione del suo ego. Quello che l'"architetto-autore" vuole non è innalzare un monumento a se stesso. Essendo la sua opera sempre pubblica, mai privata, l'"architetto-autore" è sempre una figura pubblica. Non è un individuo alla ricerca di se stesso, tendente a volgere lo sguardo alla sua interiorità e ad appartarsi dal mondo. Piuttosto, l'"architetto-autore" è veramente responsabile verso la società, perché dedito alla scoperta dei suoi confini.

L'"architetto-autore" non lavora in isolamento, come si pensa spesso e volentieri, ma è il segugio che cerca di scoprire come funziona il mondo. Ne deve avere una comprensione profonda per essere in grado di riflettere su problemi di tale natura e portata. Deve avere fiuto e rendersi conto delle correnti sociali esistenti in un dato momento.

L'"architetto-autore" offre edifici che apportano qualcosa di nuovo (nella terminologia odierna potremmo chiamarlo un "valore aggiunto culturale") che induce la gente a pensare e quindi a fare muovere la società stessa. Questo è il suo compito! Tutto il resto – funzionalità, costruzione, preoccupazioni economiche ed ecologiche – è scontato, è il pane quotidiano dell'architetto nel progettare e costruire edifici. Queste cose richiedono artigianato, destrezza, abilità, organizzazione e l'applicazione delle possibilità che la tecnologia offre.

La sostenibilità, per esempio, di cui oggi si fa un gran discutere, è un problema tecnico che magari può anche rientrare in un programma politico, ma non ha certamente nulla a che vedere con la ricerca di qualcosa che produca senso e, quindi, non è di alcun interesse come idea chiave per un edificio. Per evitare qualsiasi malinteso, aggiungiamo che con questo non si vuole sostenere che la costruzione di edifici che rispettino gli standard tecnici e costruttivi più elevati e siano in armonia con l'ambiente non rappresenti una causa degna di essere perseguita. Si tratta tuttavia, ripetiamolo, di questioni tecniche.

Un problema è che chi, nella progettazione di un edificio, si dedica quasi esclusivamente a una di queste questioni tecniche, tende a elevare le sue specifiche preoccupazioni allo status di cartina di tornasole morale. A volte, inoltre, una preoccupazione specifica del genere acquisisce un significato a livello politico, con il risultato che la sua funzione di cartina di tornasole diventa ancora più forte. Si tratta tuttavia di un approccio privo di rilevanza in architettura e, inoltre, non universalmente applicabile a essa. Si può presumere che la gente nutrirà sempre convinzioni morali diverse a seconda dell'epoca e del luogo in cui vive e della sua storia. Gli edifici non possono poggiare principalmente su fondamenta tanto instabili. Una delle caratteristiche che definiscono un "architetto-autore" è che egli tenta di dare espressione a qualcosa che è reale, il più possibile universale e il più vicino possibile alla verità, dove il termine "vero" va inteso nel senso di "conseguente". Ma, tornando all'esempio precedente, la verità non è economica o anti-economica, ecologica o anti-ecologica. La ricerca di valore culturale aggiunto si colloca piuttosto nell'ambito della produzione di senso.

L'accento sulla produzione di senso anziché su questioni tecnologiche e organizzative aiuta a comprendere anche perché, nel corso della storia, la concezione di edifici significativi sia stata sempre dovuta alla mente e alla mano di singoli architetti che lavorano autonomamente. Un edificio è suscettibile di offrire un'esperienza dello spazio fondamentale in termini spirituali, speculativi e creativo-sintetici, e solo l'immaginazione di una mente individuale può creare spazi capaci di generare esperienze di questo tipo. Un team non è lo strumento giusto per produrre questo mirabile risultato. D'altro lato, un gruppo di lavoro costituito da persone dotate di competenze diverse ha tutte le carte in regola per rilevare ed evitare errori. Inoltre, può ideare soluzioni tecniche e scientifiche e affrontare nel modo migliore i problemi organizzativi, specie nel caso di grandi progetti edilizi. Ma a produrre senso non è la mente di più persone, è la mente di una persona singola. La "mente collettiva" che spesso si attribuisce a un team è un parto della fantasia. L'espressione stessa è impropria: non esiste una "mente collettiva"; la mente, in quanto tale, è sempre legata a un singolo essere umano. A volte più esseri umani lavorano insieme, ma in ultima analisi il risultato del lavoro di squadra non è la somma di tutte le menti, bensì soltanto ciò che ha potuto immaginare la migliore di esse. In altre parole, in ambito creativo-estetico i prodotti di più menti non possono essere semplicemente sommati.

Per essere chiari: l'"architetto-autore" non lavora da solo. Costruire è quasi sempre, in un modo o nell'altro, un lavoro di squadra. Il team contribuisce alla ricerca delle soluzioni tecniche, a individuare gli errori e a organizzare le attività di disegno, progettazione e costruzione. Nessun team, tuttavia, può sostituire l'"architetto-autore". È lui la mente direttiva dell'intera operazione, colui che prende le decisioni e che ne ha la responsabilità. Soprattutto, è l'"architetto-autore" ad avere la capacità di concepire l'idea per un edificio e la sensibilità per giudicare che cosa sia giusto e che cosa sia sbagliato. L'idea che nella professione costruttiva quello di "architetto-autore" sia un modello obsoleto, antiquato, è sbagliata, anche se fin troppo diffusa nell'ambito architettonico. Instillare negli architetti l'idea che quella degli "architetti-autore" sia una specie in qualche modo riprovevole, da condannare, è una follia. Tali convinzioni sono il più delle volte frutto di logiche e ideali politici e sociali che hanno poco in comune con giudizi in campo estetico e, quasi sempre, vengono da persone incapaci di progettare un edificio.

Il semplice fatto che gli architetti che non dispongono del pieno controllo del loro lavoro siano sempre più numerosi non giustifica l'idea che gli "architetti-autore" siano obsoleti. Al contrario, essi sono oggi più importanti che mai. È proprio perché vi sono sempre meno "architetti-autore" che gli architetti nel loro insieme hanno perso influenza. E vi sono meno "architetti-autore" perché meno architetti possono o vogliono esserlo. La ragione principale di tutto ciò non è tanto che gli architetti abbiano meno talento o siano meno capaci che nel passato, ma che, per ragioni di pressioni sociali, non sono abbastanza forti e sicuri di sé. Resistere al diffuso sospetto sul perché un singolo debba esercitare un'autorità quasi totale sulla costruzione di un edificio richiede, da parte dell'architetto, una grande forza e convinzione. La seconda ragione della diminuzione degli "architetti-autore" è che, nel ruolo gestionale che di fatto è il fulcro del lavoro dell'architetto, sono subentrate altre figure, come agenti di marketing, clienti e amministratori comunali. Quello che dall'architetto ci si aspetta sempre di più è che funga da mero fornitore di servizi, non diversamente dalle altre parti coinvolte in un cantiere. Il risultato è che costruire un edificio viene ad assomigliare, per così dire, al fabbricarlo, non al crearlo.

Non è esagerato affermare che senza "architetti-autore" non vi saranno edifici produttori di senso. Quello che otterremo, senza il loro lavoro, saranno meri fabbricati. Ma un edificio possiede un valore culturale e sociale solo se implica anche una dimensione speculativa, che la si chiami idea, intenzione o tesi produttrice di senso. Senza architetti che concepiscano e progettino edifici produttori di senso avremo edifici soltanto funzionali. Perché un edificio sia un'opera culturale e sociale è necessaria la presenza di un architetto che metta in sinergia i diversi ambiti: intellettuale, spirituale, speculativo e creativo-sintetico. È necessaria una capacità d'innovazione artistica e scientifica. Gli architetti hanno da sempre un compito che non possono delegare, semplicemente perché non c'è nessun altro in grado di raccogliere la sfida. È nella natura di tale compito che l'architetto crei edifici rispondenti alle esigenze dell'estetica, non solo a quelle dell'utilitarismo. Quando Vitruvio scriveva che compito dell'architettura è fornire un riparo non intendeva dire che un edificio deve limitarsi alla funzione utilitaria di metterci un tetto sopra la testa. Anche se in esso vi fosse un grosso buco, anzi, proprio per questo, il tetto di un edificio costituirebbe un riparo in senso metafisico, come la tenda celeste. Sono questi gli edifici che hanno una risonanza nell'anima e nella mente delle persone.

Valerio Olgiati, Markus Breitschmid
Architettura Non-Referenziale

Concezione del volume: Valerio Olgiati
Progetto grafico: Bruno Margreth
Composizione in RH Inter Pro Regular
Traduzione dall'inglese: Doriana Comerlati
Correttore di bozze: Sebastian Carella, Emanuela Di Lallo
Stampa: Gulde Druck Tübingen
Carta: Daunendruck Natural 1.5 100 gsm
Legatore: Buchbinderei Spinner Ottersweier

Park Books
Niederdorfstrasse 54, 8001 Zurigo, Svizzera
www.park-books.com

Park Books beneficia di un sostegno strutturale dell'Ufficio
Federale della Cultura per gli anni 2016–2020.

ISBN 978-3-03860-143-2

La traduzione in italiano del testo originale inglese è stata
finanziata dall'Accademia di architettura dell'Università
della Svizzera italiana

Università
della
Svizzera
italiana

Accademia
di
architettura